Eduard Wiss

Eisenbahn oder Kanal?

Eduard Wiss

Eisenbahn oder Kanal?

ISBN/EAN: 9783742898876

Hergestellt in Europa, USA, Kanada, Australien, Japan

Cover: Foto ©ninafisch / pixelio.de

Manufactured and distributed by brebook publishing software (www.brebook.com)

Eduard Wiss

Eisenbahn oder Kanal?

EISENBAHN ODER KANAL?

Von

Dr. EDUARD WISS.

Separat-Abdruck
aus der Vierteljahrschrift für Volkswirthschaft, Politik und Kulturgeschichte
(Jahrgang XV, Band I).

BERLIN,
VERLAG VON F. A. HERBIG.
1878.

Wer hat diese Frage gestellt? Nicht wir, nicht ein ausgesprochenes akademisches Belieben, nicht eine Gelegenheit praktischen Bedürfnisses, sondern die aufgeregte öffentliche Meinung, aufgeregt durch die Schrift eines bisher unbekannten Schriftstellers, die aber im Auftrage des preussischen Handelsministers verfasst worden ist: »Die Wasserstrassen in den Vereinigten Staaten von Amerika von *Chr. Mosler*, Bergassessor.«

Wie aber ist die Frage gestellt worden? Ob die Eisenbahn die Kanäle nur in den Vereinigten Staaten von Amerika, ob sie dieselben überall, also auch in Deutschland ausschliesse? Nichts verlautet davon, was einer unmittelbaren Antwort gliche, in dem obigen Buche selbst. Es wird nur bei der Beschreibung der einzelnen Wasserstrassen meistens bemerkt, dass die Transportgeschäfte derselben darniederlägen und von der Konkurrenz der Eisenbahnen erdrückt würden, dass einzelne davon in Folge dessen bereits eingegangen seien.

Und doch hat die öffentliche Meinung in richtiger Fühlung mit der Ansicht des Verfassers, der mit offiziellen Ansprüchen auftritt, Grund gehabt, erregt zu werden. Der Bau von Kanälen in Deutschland, die Regulirung und Kanalisirung unserer natürlichen Wasserläufe, eine Nothwendigkeit unseres Volkshaushalts, um uns konkurrenzfähig mit den grossen industriellen, mit guten Kanälen versehenen Ländern des Westens zu machen, um unseren Ackerbau zu heben, um unseren reichen Mineralschätzen einen ausgedehnteren Markt zu schaffen, sind Unternehmungen, deren Entstehung, wie in allen Ländern, so auch bei uns, von der Beginnkraft des Staates erwartet wird. Wo diese versagt, ist unter den gegenwärtigen wirthschaftlichen Verhältnissen an eine Privatunternehmung nicht zu denken, wird Alles zum frommen Wunsche einer fernen Zukunft. Wir sagen, die öffentliche Meinung hat Grund gehabt, erregt zu werden; denn der nackte ungeschminkte Ausdruck der wahren Ansicht des Verfassers sollte nicht lange auf sich warten lassen. Angegriffen im »Deutschen Handelsblatte« von *A. v. Studnitz*, paraphrasirt derselbe in einer Replik ein Zitat von Studnitz aus einem Senatsbericht der Vereinigten Staaten von Amerika:

»Während daher durch die Wasserlinie dem ganzen Lande genützt wird, nehmen die Eisenbahnen an der allgemeinen Prosperität Theil. Es besteht nicht nur kein Antagonismus zwischen Wasserlinien und Eisenbahnen, sondern beide Verkehrslinien helfen sich durch einander«

in folgender Fassung (Handelsblatt, 1877, No. 45, S. 374):

»Der Kanalbau für Schifffahrtszwecke im »Binnenlande« ist recht zuträglich, aber doch wohl heutzutage ein theilweiser Luxus, welchen sich der halten mag, dessen Kapital und Geldkräfte es reichlich erlauben, oder dessen materielle bezw. auch Schönheits- und Annehmlichkeits-Interessen direkt oder indirekt dabei in Frage stehen.«

Der Verfasser jener Schrift ist von der Regierung zu dem Zwecke der in seiner Schrift versuchten Aufgabe nach den Vereinigten Staaten gesandt worden; er hat sich dort sechs bis acht Wochen aufgehalten. Es kann schon der Kürze der Zeit wegen nur von der dürftigsten persönlichen Erfahrung die Rede sein; er hat mündliche Informationen verwerthet, die offenbar von einseitigen beschränkten Interessenten, denen er zufällig in die Hände gefallen, geflossen sind; und nun wirft er mit übereiltem Urtheile die Kanäle zum alten Eisen vorsündfluthlicher Verkehrswerkzeuge. Es ist aber die Frage, ob sich ein solches Vorgehen mit dem Ernst volkswirthschaftlicher Prüfung verträgt.

Es wird zuerst die Frage auftreten: Was wollte die Regierung selbst mit dieser Sendung?

Wir glauben, die Antwort ist in einer neuen Frage gegeben worden, die der »Zentralverein für Hebung der deutschen Fluss- und Kanalschifffahrt« gestellt hat. Dieser Verein, der seit Jahren die Verbesserung und Neuschaffung deutscher Wasserstrassen anstrebt, und die gleichen Bestrebungen in allen Quartieren des deutschen Reiches vereinigt, hat am Mittwoch, den 28. November 1877, als Thema der Generalversammlung die Frage gestellt: »Wie weit ist es gestattet, aus dem Entwicklungsgange des Kanalwesens in den Vereinigten Staaten von Amerika auf die Aussichten des Kanalwesens in Deutschland Schlüsse zu ziehen?« und als Referenten darüber Gewährsmänner gehört, die durch langjährigen Aufenthalt in den Vereinigten Staaten und Schriften über deren geschichtliche und volkswirthschaftliche Verhältnisse bekannt waren, Dr. Fr. Kapp und den Schreiber dieser Zeilen.

Mit der vom Verein gestellten Frage ist unserer Vermuthung nach jene ursprüngliche Absicht der Regierung voraussetzlich ausgesprochen. Wenn dies aber »mit besonderer Rücksicht der *Mosler'schen* Schrift« geschehen ist, so erhebt die in dem obigen allgemeinen Verwerfungsurtheile der Kanäle enthüllte Ansicht eines Mandatars der Regierung die Frage zu weit folgenreicherer Bedeutung.

Es drängen sich dann von selbst eine Reihe von Fragen mit grösserer Tragweite auf, als die Frage, die der obige Zentralverein gestellt hat:

In welchem Verhältnisse stehen Kanal und Eisenbahn als Verkehrswerkzeuge ihrer Natur und Leistungsfähigkeit nach zu einander?

Haben die schlechten Geschäfte der Kanäle der Vereinigten Staaten von Amerika in den letzten Jahren eine entscheidende Bedeutung für diese Frage, oder sind es nur vorübergehende Erscheinungen einer ungünstigen Frachtkonjunktur, oder der Konkurrenz der Verwaltungen und des kaufmännischen Speditionsbetriebes?

Dann erst werden sich die weiteren Fragen anreihen, *wie weit Deutschland und die Vereinigten Staaten vergleichbar seien, in Bezug auf die Bodenverhältnisse, die natürlichen schiffbaren Wasserstrassen, den Bestand an Eisenbahnen, die Dichtigkeit der Bevölkerung* u. s. w.

Wir wissen es wohl, dass die erste Frage: in welchem allgemeinen Verhältniss Kanal und Eisenbahn ihrer technischen und finanziellen Leistungsfähigkeit nach zu einander stehen? eine grosse und schwere Frage ist, die erschöpfend nur von Mathematikern und Technikern mit Vergleichung des Materials vieler Länder gelöst werden kann. Wenn wir es daher nicht einmal versuchen können, dieselbe zu lösen, so wollen wir doch eine Vorstellung davon zu geben suchen, um welche Faktoren es sich hier handelt.

Beim Transport einer Last in einem Schiffsgefässe auf der Wasserstrasse kommen als natürliche Erleichterungsmomente der Bewegung in Betracht, dass das Wasser der Fracht einen grossen Theil der Last abnimmt, so viel, als das eingetauchte Schiffsvolumen an Wasservolumen und dessen Gewicht verdrängt, und dass das Wasser eine leicht verschiebbare Fläche mit geringer Reibung ist. Der Widerstand, den es leistet, liegt nur in der Stauung vor dem Kiel, der vornehmlich in engen Wasserläufen und bei der Bergfahrt auf Flüssen in Betracht kommt. Bei der Thalfahrt wird er schon durch die Strömung, die das Schiff fortbewegt, überwunden. Beim ruhenden Wasser des Kanals macht die Richtung der Fahrt keinen Unterschied. Je enger und seichter der Kanal daher ist, desto mehr Widerstand wird der Fortbewegung durch Aufstauung des Wassers entgegengesetzt und umgekehrt in dieser Folge, je weiter und tiefer der Kanal ist, da dann das Wasser leichter nach den Seiten ausweichen kann und nicht in so enger Uferadhäsion zusammengehalten wird.

Den Widerstand, den das stillstehende Wasser durch Reibung entgegensetzt, hat man auf $1/2000$ der Last berechnet, die mit dem Schiffe fortbewegt wird; die Kraft aber, die zur

Fortbewegung nöthig ist, muss grösser sein. *Perdonnet* berechnet, dass gewöhnliche Fahrzeuge bei stillstehendem Wasser auf *Kanälen* an Kraft erfordern:

bei grossem Kanaldurchschnitt
bei langsamer Bewegung $1/1000$ der Last,
» doppelter Geschwindigkeit $1/250$ » »
» vierfacher » $1/62$ » »

bei kleinem Querschnitt
bei langsamer Bewegung $1/600$ der Last,
» doppelter Geschwindigkeit $1/150$ » »
» vierfacher » $1/37$ » »

Bei den *Eisenbahnen* ist die Reibung auf den Schienen und an den Axen viel grösser, als auf dem Wasser; während sie dort nur $1/2000$ der Last beträgt, so beträgt sie hier $1/250$ bis $1/150$ der Last.

Bei gehöriger Tiefe der *Kanäle* und anderer Wasserläufe ist das Verhältniss der Nutzlast zur todten Last bei Schiffen von einem

Eigengewicht von 1200—1500 Ctrn., todter Last, und einem Tiefgang von 30—40 Centim., 7000—8000 Ctr. Nutzlast.

Auf den *Eisenbahnen* tragen die Transportwagen
bei 100 Ctr. Eigengewicht . . 100 Ctr. Nutzlast.

Dies Verhältniss hat sich aber gebessert. Auf der Oberschlesischen Bahn tragen die Transportwagen
bei 60 Ctr. Eigengewicht . . 71 Ctr. Nutzlast,
auf der Niederschlesisch-Märkischen Bahn
bei 93 Ctr. Eigengewicht . . 210 Ctr. Nutzlast,
» 100 » » . . 250 » »
» 106 » » . . 300 » » *)

Im Ganzen also tragen die Transportgefässe auf den Eisenbahnen immer bedeutend weniger Nutzlast im Verhältniss zur todten Eigenlast, als auf den Kanälen.

---

*) „Die Verkehrsstrassen" u. s. w. von einem Fachmanne. Berlin 1876. J. Klönne & G. Müller.

Die schwierige Frage nach der Leistungsfähigkeit und damit nach den Minimalgrenzen des Tarifs ist in einer allgemeinen grundlegenden Untersuchung aus den Elementen der Fracht heraus für die Eisenbahnen bisher weder gelöst, noch zu lösen versucht worden. Es erfordert diese Aufgabe die richtige Fragestellung seitens des Volkswirthes und die verständnissvolle Arbeit seitens des technischen Mathematikers. Aus dem einzigen uns bekannten Versuch, der für die Kanäle vom Wasserbau-Inspektor *Karl Michaelis* gemacht und im 1. Bande des III. Jahrgangs unserer Vierteljahrschrift, S. 129 veröffentlicht worden ist, wollen wir einen kurzen Auszug geben und die Resultate mit amerikanischen Feststellungen vergleichen.

»Der Tarif auf einem *Kanal* kann um so niedriger gestellt werden, je grössere Gütermassen auf dem Kanale bewegt werden. Die Grenze wird durch die Zahl der Schiffe gegeben, die innerhalb eines Tages durch die Schleuse gehen: bei grossen Schiffen wird man es täglich auf 40—50 Durchschleusungen, bei kleinen Schiffen wird man es täglich auf 50—60 Durchschleusungen bringen können.

Rechnet man die Hälfte der Schiffe beladen, die andere Hälfte zu $1/_5$ beladen, so beträgt das in einem Tage mit *grossen* Schiffen durchzubringende Quantum

$^{40}/_2$. (7000 × 1400) = 168,000 Ctr.,

welches ungefähr 58 bis 60 Güterzügen der *Eisenbahn* entspricht, oder einem Tagesverkehr auf 366 Tage von 40 Zügen;

mit *kleinen* Schiffen

$^{50}/_2$. (4000 × 800) = 120,000 Ctr.,

welches ungefähr 42 bis 45 Güterzügen der Eisenbahn entspricht, oder einem Tagesverkehr von 30 Zügen. Die Leistungsfähigkeit beträgt also im Jahre, welches über 270 Schifffahrtstage hat, von denen aber wegen der ungleichen Vertheilung der Handelsbewegung nur 240 in Anrechnung gebracht werden sollen, 40,320,000, rund 40,000,000 und mit kleinen Schiffen 28,800,000, rund 30,000,000 Centner. Durch Verdoppelung der Schleusen, also beispielsweise bei dem Rhein-Weser-Kanal, kann durch

Aufwendung einer Summe von 1,000,000 Thalern die Leistungsfähigkeit auf das Doppelte, also auf 80 Millionen Centner resp. 60 Millionen pro Jahr gebracht werden, welches einem Tagesverkehr der Eisenbahn von 80 resp. 60 Güterzügen entspricht.«

»Die Gütermasse ist so bedeutend, dass man auf die zulässige Verdreifachung nicht zu rekurriren braucht, um ein riesiges Güterquantum zu transportiren. Es geht daraus hervor, *dass, wenn der Verkehr zunimmt, es dem Kanal nicht schwer wird, sich dem erhöhten Bedürfnisse ohne übermässigen Kostenaufwand anzuschliessen.*«

In Rücksicht auf die physikalischen und geschäftlichen Elemente der Kanalfracht, wie sie von keinem Autor schärfer präzisirt worden sind, als von dem obengenannten, habe ich schon in einer früheren Arbeit (Deutsche Monatschrift von J. Perrot, Rostock 1871, E. Kuhn's Verlag, 2. u. 3. Heft, August und September) darauf aufmerksam gemacht, wie folgenreich für die Transportleistung beim Kanal die Grösse des werbenden Kapitals, der Anlage ist. Diese ist bei Eisenbahnen oft übertrieben worden, ohne dem Frachtgeschäft zu nützen; bei den Kanälen dagegen hat man namentlich in Deutschland so kleine und ungenügende Anlagen gemacht, dass daraus gar kein Schluss auf den Werth dieses Verkehrsinstrumentes gemacht werden kann und darf. Ich habe dies Verhältniss damals kurz so ausgedrückt:

Wir haben bei Beurtheilung der Rentabilität der Kanäle vor Allem zwei Faktoren der Kanalfracht ins Auge zu fassen: einmal *die Kosten der Reise* einschliessend die Kosten für die Mannschaft, Schleusengelder u. s. w. und dann *die Ladungs-, Löschungs- und Spesenkosten*. Der erste Faktor ist der *wechselnde*, je nach der Länge der Reise, der zweite ist der *bleibende*.

Es ist also erstens klar, dass die Gesammtfrachtkosten sich verhältnissmässig um so *geringer* stellen werden, je *länger* die *Reise* ist, da der bleibende Faktor: die Löschungs-, Ladungs- und Spesenkosten, je nach der Länge der Reise, einen immer kleineren Bruchtheil der Kosten per Meile betragen wird; dass also die Rentabilität von der *Ausdehnung der Wasserstrasse für ununterbrochene Fahrt abhängig ist.*

Zweitens, da die wechselnden Kosten der Reise, abgesehen von der Menge der Schleusen, von dem Aufenthalt auf der Reise durch mitfahrende und entgegenkommende Boote und von der Tiefe des Wassers abhängt, so ist *die Breite und Tiefe der Kanäle ein wesentliches Moment ihrer Rentabilität.*

Drittens sind die *Grösse der Handelsemporien* und, setzen wir hinzu, der *Produktionsstätten* und die *Bevölkerungsdichtigkeit* des Landes, welches er durchzieht, an den Endpunkten und der Linie des Kanals für die Kanalfracht und deren dauernde Zunahme von der höchsten Bedeutung. Die Erfüllung grosser Aufgaben, wie die Herstellung einer Verbindung des Meeres mit dem Innern reicher, ackerbautreibender und industrieller Staaten, ist daher auch für die kleineren Zweigkanäle einer grossen Linie von folgenreicher Bedeutung (denn auf einem grossen Kanal können immer auch kleinere Schiffe fahren, auf einem kleinen aber keine grossen).

Aus diesen kurz entwickelten Gründen haben wir schon früher einen Ausspruch gethan, der ohne die obige Begründung widerspruchsvoll erscheinen müsste: »*dass nämlich bei Kanälen die Grossartigkeit der Anlage und die Grösse der Ausdehnung eine haushälterische Forderung des Erfolges seien.*«

Dieser Grundsatz wird an der Vergrösserungsfähigkeit des Verkehrs allerdings seine Grenze finden; es ist aber in Rücksicht auf die Schwierigkeit der Beschaffung der Mittel nicht zu fürchten, dass diese Grenze so leicht wird überschritten werden, eher das Gegentheil.

Fragen wir nun, was die Durchschnittsleistung des Kanals für den Tarif beträgt, so stellt sich diese nach den sorgfältigsten Berechnungen unseres obigen Gewährsmannes auf $1/5$ Pfennig pro Centner und Meile. »Also $1/5$ Pfennig pro Centner und Meile auf grössere Transportlängen kann man nach dem gegenwärtigen Standpunkte des Kanalwesens als eine durch die Verkehrsentwicklung leicht erreichbares Ziel hinstellen.«

Es würde eine schwere und langwierige Aufgabe sein, eine ähnliche Berechnung aus den Frachtelementen für die Eisenbahnen zu machen, da hier nicht blos die Terrainverhältnisse und der örtliche Verkehr, sondern auch die Finanzwirthschaft und die Verwaltung ein so verwirrendes Labyrinth bilden, dass kein Mathematiker den Ariadnefaden für eine führende Norm finden dürfte. Die Einnahme der preussischen Eisenbahnen hat 1872 2.18 Pf. pro Centner und Meile betragen; bei den meisten Eisenbahnen dürfte die Leistung zwischen 2 Pf. und 1 Pf. schwanken; als höchste Leistung gilt der Pfennigtarif. Es wird nun zwar behauptet, dass er auch da, wo er wirklich gegolten, durch Spesen und andere Mehrkosten umgangen worden sei; bei starker Konkurrenz würde man auf 1 Pf. pro Meile und Centner immerhin als mögliche Leistung für die Eisenbahn rechnen können, gegenüber von $^1/_2$ Pf. für die Kanäle.

Es ist nun interessant, diese Resultate mit den amerikanischen zu vergleichen; eine Tabelle in Mosler's Schrift, S. 23, die Frachtkosten von Eisenbahn und Kanal für 17 Jahre darstellend, die wir später zu weiterer Betrachtung geben wollen, ist für eine vergleichende Durchschnittsberechnung wohl zu verwerthen. Nehmen wir von den beiden mit den Kanälen konkurrirenden Eisenbahnen, der Newyork Central- und der Newyork und Erie-Eisenbahn die durchschnittliche Frachtbewegung, so ergiebt sich als Frachtdurchschnitt pro *Tonne* und *englische* Meile in *Cents*:

Jahr	1856	1857	1858	1859	1860	1861	1862	1863	1864	1865	1866	1867	1868	1869	1870	1871	1872
Eisenbahnen	2.72	2.79	2.95	2.15	1.95	1.84	2.05	2.24	2.53	3.03	2.68	2.28	2.25	1.90	1.61	1.56	1.60
Kanäle	1.11	0.47	0.79	0.67	0.99	1.08	0.95	0.87	1.15	1.10	1.00	0.90	0.88	0.92	0.63	1.02	1.02

Es würde sich darnach als Durchschnitts-Frachtpreis pro Tonne und englische Meile im Laufe von 17 Jahren ergeben:
  für die Eisenbahn 2.24 Cents,
  für die Kanäle 0.94 Cents.

Nehmen wir in runden Zahlen 2 Cents für die Eisenbahnen und 1 Cent für die Kanäle und rechnen wir 1 Dollar zu 4 Mark, eine Tonne zu 20 Centner und 1 englische Meile zu ⅕ deutsche Meile, so wird sich nahezu auch für die Vereinigten Staaten das Frachtpreisverhältniss von Eisenbahn und Kanal, wie in Deutschland, von

1 Pf. für die Eisenbahn und ½ Pf. für den Kanal*) ergeben; und auch hier würde der ½ Pf. des Kanals wirkliche Durchschnittsleistung, der 1 Pf. der Eisenbahn die äusserste Leistung bedeuten, die in Wirklichkeit vielleicht kaum durchführbar ist.

Wenn wir alle Einwendungen der mathematischen Ungenauigkeit gerne zugeben, so stellen sich, und darauf kommt es uns hier wesentlich an, doch als allgemeine Resultate heraus:

1) dass in Betreff der Billigkeit der Fracht der Kanal die Eisenbahn um das Doppelte übertrifft;

2) dass die Kanäle auf gleicher Route mit der Eisenbahn eine ausserordentlich grössere Quantität von Fracht befördern können;

3) dass also die Kanäle ihrer Natur und Leistungsfähigkeit nach die geeignetsten grossen Verkehrswerkzeuge für gröbere Güter und Massentransporte sind und hierin durch Eisenbahnen nicht ersetzt werden können.

Die Ueberzeugung, dass die Fracht nicht nur auf den natürlichen Wasserstrassen, sondern auch auf den Kanälen die billigste sei, hat sich in allen Ländern, welche Kanäle besitzen, befestigt; sie ist auch nicht erschüttert worden, als früher schon, meist in den Zeiten höchsten Aufschwungs des Eisenbahnbaues, die Eisenbahnen als alleiniges grosses Frachtinstrument des Verkehrs ausgegeben wurden; es hat sich gerade in solchen Zeiten die Nützlichkeit einer Theilung der Frachtarbeit von werthvollen und groben Gütern zwischen Eisenbahn und Kanal herausgestellt. In der Entwicklung der Wegsamkeit war ja der Kanal schon das mächtige Moment, das den natürlichen

---

*) 1 Cent = 4 Pf. 20 Centner kosten 4 Pf. auf 1 englische Meile, also 20 Pf. auf 5 englische oder 1 deutsche Meile, also 1 Centner: 1 Pf. auf 1 deutsche Meile.

Vorzug der Städteanlagen an den Mündungen grosser Ströme an Seen und am Meere auch den Städten im Innern des Landes zu Theil werden liess. Und diejenigen Seestädte, die, wie·Newyork, das am frühzeitigsten erkannt hatten und ihre natürlichen Wasserstrassen mit einem Kanalsystem im Innern des Landes in Verbindung brachten, sind durch dieses Netz von Wasserstrassen zu unerhört raschem Aufblühen gekommen, sind aus Seestädten von einigen 20 Tausend Einwohnern zu Weltstädten geworden. Die Eisenbahn hat durch noch weitere Verästlung der Verkehrsstrassen die innersten und entferntesten und zahlreichsten Produktionsstätten und Handelsemporien mit dem grossen Weltverkehr in Verbindung gesetzt; sie kann aber, ihrer technischen Bedingungen wegen, den Kanal nicht ersetzen und überflüssig machen; sie ist beschränkt auf den schmalen Pfad des Geleises, den immer nur ein Transportgefäss benutzen kann; beim Kanal dagegen bilden nur die Durchschleusungen eine Grenze für die Zahl der Schiffsgefässe. Die Frachtbeförderung auf der Eisenbahn kostet unendlich mehr Arbeitskräfte und Abnützung der Transportwerkzeuge, als der Kanal; sie kann, wenn sie diese auch aufwendet, nie so grosse Massentransporte bewältigen, als der Kanal; auch werden durch Massentransporte die Fundamente ihres Bahnkörpers geschädigt. Selbst der Vorzug ihrer grösseren Schnelligkeit geht bei grossen Massentransporten wieder verloren; denn da sie nicht immer auf dieselben eingerichtet werden kann, sie müssten ihr denn ausnahmsweise dauernd gesichert sein, so stauen sich die Transporte auf den Bahnhöfen auf, und die Frachtbeförderung verzögert sich oft weit über die Zeit, die ein Kanal gleicher Linie zur Beförderung brauchen würde. Dann ist die Eisenbahn für die Auf- und Abladung an die Station gebunden; wie sie Handel und Fabrikation an die Station fesselt, ist sie selbst durch dieselbe gefesselt und nicht im Stande, einer Produktionsstätte, die entfernter von derselben liegt, einen Markt zu eröffnen. Der Kanal bildet in seiner ganzen Linie eine fortlaufende Ladestation; an derselben können sich Fabriken und Waarenlager anreihen;

sie können billigen Grund und Boden für die Anlage, wie für die Wohnungen ihrer Arbeiterstämme auswählen und belästigen mit ihren Ausdünstungen nicht die volkreichen Städte. In Ländern, wo Kanäle schon länger bestehen, wie in England, Frankreich und Holland, haben sich diese Ansiedelungen immer mehr in ihrer Zahl gesteigert, und zugleich den Kanälen ein grösseres Frachtgeschäft zugeführt; wo aber solche Fabriketablissements grössere örtliche Ausdehnung und grösere Bevölkerung erlangt haben, wurden sie zugleich Anknüpfungspunkte der Eisenbahn für den Frachtverkehr der fertigen Fabrikate. Je entwickelter und ihren Zwecken entsprechender beide Verkehrsstrassen, Kanal und Eisenbahn, in einem Lande sind, desto reiner wird sich die gesammte grosse Verkehrsbewegung in jene zwei gesonderten Ströme spalten, die Frachtbewegung der Rohstoffe und der groben Güter auf den Wasserstrassen und die der fertigen Fabrikate und werthvolleren Güter auf den Eisenbahnen.

Weit ab von dieser Beurtheilung und Werthschätzung beider Verkehrsstrassen, wie sie aus der Natur ihrer Frachtelemente, wie aus den Verkehrsbedürfnissen in allen Ländern hervorgehen, liegt die Ansicht, welche allen Ausführungen der Mosler'schen Schrift zu Grunde liegt. Nach dieser hätten die Amerikaner schon seit dem Jahre 1850 an keinen Neubau von Kanälen mehr gedacht und seien jetzt zur Ueberzeugung gelangt, dass die Kanäle der Konkurrenz der Eisenbahnen nicht mehr widerstehen könnten, und daher als überflüssiges Frachtwerkzeug für den grossen Verkehr aufgegeben werden müssten.

Wie wenig nach ernsterer Prüfung die eigenen statistischen Belege, welche der Verfasser beibringt, diese Nothwendigkeit selbst nicht einmal für die Vereinigten Staaten beweisen, geschweige für Länder mit weit günstigeren Verhältnissen, werden wir genauer erörtern. Dass aber die Amerikaner bis in die neueste Zeit — wenn man nicht die Ungeheuerlichkeit begeht, wie der Verfasser, die Jahre 1872 bis 1874 schon als *Vorzeit* zu behandeln — den Werth der Kanäle wohl erkannt und den Neubau derselben namentlich zur Verbindung des Westens mit den östlichen Baumwollenstaaten dringend befürwortet haben, dafür haben wir hinreichende Belege.

Vor Allem musste den praktischen Amerikanern die Nothwendigkeit des Bestehens der Kanäle für die Konkurrenz mit den Eisenbahnen einleuchten. In Vol. I. des Report of the Select Committee on Transportation-Routes to the Seaport, S. 52, giebt eine Tabelle die durchschnittlichen monatlichen Frachtsätze für den Bushel Weizen von Chicago nach Newyork zu Wasser (auf den Seen, dem Eriekanal und dem Hudsonflusse), auf See und Eisenbahn (auf dem See nach Buffalo und von da auf der Eisenbahn nach Newyork) und auf den Eisenbahnen allein von 1868 bis 1872 inclusive:

Monate.	Jahre.														
	1868.			1869.			1870.			1871.			1872.		
	Ganz zu Wasser.	See und Eisenbahn.	Ganz a. d. Eisenbahn.	Ganz zu Wasser.	See und Eisenbahn.	Ganz a. d. Eisenbahn.	Ganz zu Wasser.	See und Eisenbahn.	Ganz a. d. Eisenbahn.	Ganz zu Wasser.	See und Eisenbahn.	Ganz a. d. Eisenbahn.	Ganz zu Wasser.	See und Eisenbahn.	Ganz a. d. Eisenbahn.
	Cts.	Cts.	Cts.	Cts.	Cts.	Cts.	Cts.	Cts.	Cts.	Cts.	Cts.	Cts.	Cts.	Cts.	Cts.
Januar	—	—	51	—	—	42	—	—	42	—	—	39	—	—	39
Februar	—	—	51	—	—	39	—	—	42	—	—	39	—	—	39
März	—	—	48	—	—	30	—	—	36	—	—	30	—	—	36
April	—	29	42	—	26	30	—	22	30	—	22	27	—	—	30
Mai	20	26	36	19	25	30	16	20	27	16	21	27	18	25	27
Juni	19	25	30	21	25	27	16	21	27	16	21	24	21	23	27
Juli	18	25	33	18	23	27	15	20	27	16	22	27	23	23	27
August	22	26	36	19	20	30	15	20	27	18	24	30	22	23	27
September	25	33	39	22	22	39	15	23	30	23	28	33	27	32	33
Oktober	27	34	42	29	27	39	21	25	36	27	32	39	31	37	39
November	28	35	45	32	36	42	20	29	39	25	32	39	29	38	39
Dezember	—	—	45	—	—	41	—	—	39	—	—	39	—	—	39
Durchschnitt	25.3	—	42.6	24.1	—	35.1	17.5	—	33.3	21.6	22.3	31.0	26.6	28.8	33.5

Der Bericht knüpft daran folgende Schlüsse und Betrachtungen:

»Der durchschnittliche Sommer-Eisenbahntarif von 1872 (Mai, Juni, Juli, August, September, Oktober, November) war 31²/₇ Cents und der durchschnittliche Winter-Eisenbahntarif von 1872 (Dezember, Januar, Februar, März und April) war 36²/₅ Cents, so dass der durchschnittliche Wintertarif um 16 Prozent höher, als der durchschnittliche Sommertarif war. Durch Vergleichung der »Ganz per Eisenbahn« Sätze in den Monaten Juni, Juli und August mit den »Ganz per Eisenbahn« Sätzen in den

Monaten Dezember, Januar und Februar erhalten wir eine deutlichere Illustration von der Wirkung ausgedehnter Wasserstrassen auf gleich ausgedehnte Eisenbahngelegenheiten. Der Durchschnittssatz für »Ganz per Eisenbahn« in den oben genannten Sommermonaten war 27 Cents und der Durchschnitt für die Wintermonate war 39 Cents, so dass der Winterdurchschnitt 44,4 Prozent höher war, als der Sommerdurchschnitt zur Zeit, wenn die Konkurrenz des Wassertransport in voller Kraft vorhanden gewesen. Man könnte annehmen die Steigerung des Eisenbahntarifs in den Wintermonaten sei durch die erhöhten Transportkosten jener Jahreszeit bewirkt worden, aber dies ist nur in einem sehr beschränktem Maasse wahr. *Die Hauptursache ist die Abwesenheit der Konkurrenz von See und Kanal.* Dies wird offenbar durch die Thatsache, dass, obwohl die Eisenbahn-Transportkosten im Oktober und November nicht grösser sind, als im Juni und Juli, doch die durchschnittlichen Frachtsätze in den ersteren Monaten 44,4 Prozent höher sind, als der Durchschnittstarif in den letzteren Monaten. Die Anschwellung des Handels im Oktober und November, wenn die Gelegenheiten für Wassertransport beschränkt sind, in Verbindung mit der Thatsache, dass der Eriekanal in diesen Monaten bis zu seiner äussersten Leistungsfähigkeit in Anspruch genommen ist, verursacht ein Hochgehen in den Frachtpreisen von See und Kanal: und die Eisenbahntarife steigen mit einemmal bis zur Durchschnittshöhe der Wintermonate. Es ist klar, dass in diesem Falle die gesteigerten Eisenbahnforderungen lediglich durch die Steigerung der Frachtsätze auf dem See und dem Kanal entstanden sind. Diese Thatsache ist vor dem Komite ausdrücklich von Mr. J. M. Walker bestätigt worden, dem Präsidenten der Chicago-Burlington und Quincy-Eisenbahn, einer Bahn, welche mit keiner Wasserroute konkurrirt. Mr. Walker bestätigt, dass auf seiner Bahn der Winter- und der Sommertarif derselbe ist und er glaubt, dies sei allgemein der Fall auf den westlichen Bahnen.« Er erklärt jedoch auch, er glaube, dass diejenigen Bahnen, welche die Konkurrenz des Transports auf dem Mississippistrom zu bestehn hätten, ähnliche Veränderungen in ihren Frachttarifen machten.

Es ist im Allgemeinen richtig, dass diejenigen Bahnen, welche ihre Frachtsätze während der Wintermonate steigern, solche sind, welche in den Sommermonaten in Konkurrenz mit den Wasserstrassen sind, und es ist deshalb sehr wahrscheinlich, *dass bei dem Wegfall solcher Wasserkonkurrenz die Winterfrachtsätze das ganze Jahr hindurch beibehalten würden.*« Am Schluss einer Darstellung des Geschäfts auf den Verkehrsrouten Pennsylvaniens sagt der Bericht. »Zur Widerlegung der irrigen Ansicht, dass die Eisenbahnen den Gebrauch der natürlichen und künstlichen Wasserlinien überflüssig gemacht hätten, oder wahrscheinlich machen würden, kann erwähnt werden, dass die Pennsylvania Eisenbahngesellschaft, vielleicht die reichste und eine der am tüchtigsten verwalteten Eisenbahnkorporationen des Landes, gegenwärtig über 427 Meilen Kanalschifffahrt gebietet (360 Meilen im Staate Pennsylvanien, 67 Meilen im Staate New-Jersey), in deren Besitz sie theils durch Kauf, theils durch Pacht (lease) gelangt ist.

Die Kanäle im Staate Pennsylvanien sind, seit sie in den Besitz dieser Gesellschaft gekommen, *bedeutend erweitert* und *verbessert* und jetzt mit grossem *Vortheil* in Betrieb gesetzt worden. Auch ist es bemerkenswerth, *dass diese Kanäle parallel mit den Eisenbahnen laufen, welche von derselben Gesellschaft besessen und in Betrieb erhalten werden. Diese Gesellshaft findet, dass Eisen, Kohlen und andere Mineralien und bestimmte andere gröbere Frachten auf den Kanälen billiger transportirt werden können, als auf der Eisenbahn.* Man wird schwerlich die Pennsylvania-Eisenbahngesellschaft des Fehlers bezichtigen wollen, zu versuchen, eine unfruchtbare Transportweise aufrecht zu erhalten. Die Philadelphia und Reading-Eisenbahn-Gesellschaft transportirt Frachten vornehmlich Eisen, Kohlen und andere Mineralien, zu billigeren Preisen, als irgend eine andere Eisenbahn der Vereinigten Staaten, und dennoch hat diese Gesellschaft zwei Kanäle in Betrieb: den Susquehanna-Kanal, 45 Meilen lang, auf dem zur Hochwasserzeit im Jahre 1871 an Fracht 480,075 Tonnen verführt worden sind, und den Schuylkill-Kanal 108¼ Meilen lang, auf dem zur Hochwasserzeit im Jahre 1872 907,223 Tonnen Fracht, meist Kohlen transportirt wurden.

Es ist wahr, dass Kanäle von kleinem Umfang, Kanäle, welche keine natürlichen Wasserstrassen verbinden, Kanäle, die eine übertriebene Anzahl von Schleusen haben, und Kanäle, welche nicht die Einrichtungen für eine grössere Menge schwerer Frachten bieten, sich ihren Besitzern nicht einträglich erwiesen haben. Einige wenige schlecht gelegene Kanäle sind verlassen worden. Aber andrerseits sind Hunderte von Meilen unrentabler Eisenbahnen in diesem Lande gebaut und Millionen Dollars von denen eingebüsst worden, welche bei ihrem Bau sich hereingesetzt haben.«

Der folgende Auszug eines Briefes, den Gen. J. J. Wistar, der Präsident der Pennsylvania-Kanal-Gesellschaft, an das Komité gerichtet, enthält werthvolle Thatsachen in Bezug auf die Wirthschaft des Transports auf Eisenbahn und Kanälen:

»Da Sie den Gegenstand grosser Stammlinien von Kanälen in Erwägung ziehen, will ich erwähnen, dass die Kosten von Einrichtungen, geeignet für bessere Handhabung, das heisst behufs des Löschens und Ladens, für Getreide in Masse nicht grösser sind, als für Kohlen und dass die von mir für Kohlen angegebenen Zollgebühren auch für Getreide einträglich wären bezw. 4,08 und 5,38 Mills per Grosstonne von 2,240 Pfund per Meile. Eine Hauptroute mit einer schweren Tonnenzahl könnte einen gut gebauten Kanal mit der Kapazität für 300 Tonnen Kargo's zu sehr niedrigen Frachtpreisen wohl erhalten und in Betrieb setzen, besonders bei grossen Entfernungen, wo die feststehenden und endgültigen Kosten auf eine grössere Anzahl von Meilen berechnet werden. Ich meine dass ½ bis 2 Mills per Tonne und Meile vollkommen hinreichend wären für einen solchen Kanal zwischen dem Ohiofluss und dem Hochwasser mit mässigen Steigungen und Schleusen, wobei die Gebühren um so niedriger würden, je höher die Tonnenzahl, *da die Kosten zur Erhaltung und zum Betrieb des Kanals bei reichlichem Wasser thatsächlich dieselben sind für 100,000 Tonnen wie für 10,000,000 Tonnen.«*

»Mit anderen Worten, jede Tonne, die auf einer Eisenbahn transportirt wird, ist die Ursache einer kostspieligen Abnutzung, während auf einem Kanal, sobald er nur Fracht genug zum Transport gewonnen, um die Kosten der Instandhaltung und des Betriebes zu decken, jede hinzukommende Tonnenzahl keine nennenswerthen Kosten verursacht, und alle Gebühren, die man dafür erhalten kann, reiner Nettogewinn sind, immer unter der Voraussetzung, dass hinreichendes Wasser vorhanden ist.«

In dem ganzen im Appendix S. 90 abgedruckten Briefe weist Mr. Wistar seine Behauptungen durch thatsächliche, dem Pennsylvanischen Kanalverkehr entnommene Belege nach. Der Schluss des Komités erscheint uns daher vollkommen gerechtfertigt »dass für alle groben, billigen und schweren Güter natürliche Wasserstrassen und Kanäle, günstig gelegen, in geographischer Beziehung und mit Rücksicht auf die Schleusenwerke, und unterstützt durch eine hinreichende Grösse des Geschäfts, auch ferner das billigste aller bekannten Transportmittel bleiben wird und dass für grosse Entfernungen, *wo ein grosser Theil des Werthes der Güter von den Kosten des Transportes aufgezehrt wird*, Wasserkanäle immer ein Element von höchster Wichtigkeit zur erfolgreichen Lösung der Transportfrage sein werden.«

Die letztere Bemerkung des Berichts über die Aufzehrung des Werthes der Güter durch den Transport, und, setzen wir hinzu, die relative Rettung dieses Werthes durch Erleichterung und Verbilligung des Transports, ist eines der interessantesten wirthschaftlichen Phänomene, und wie es uns scheint, der letzte dringendste Grund für die Nothwendigkeit der Kanäle, selbst bei der vollendetsten Ausbildung des Eisenbahnwesens. Die Wirkung des Transport auf den Güterwerth im Verhältniss der Landstrasse zur Eisenbahn habe ich in meinem Werke »das Gesetz der Bevölkerung und die Eisenbahnen von Dr. G. E. Wiss

Berlin 1861 F. A. Herbig S. 18 u. s. f.« darzustellen versucht. Es ist aber dieses Verhältniss, auf Kanäle angewendet, von um so grösserer Bedeutung, als die Wasserfracht um das Doppelte geringer ist, als die Eisenbahnfracht. Wenn ich dort nach dem Beispiele von Andrews mit dem Weizen und Wälschkorn exemplifizirt habe, so gilt dasselbe im noch höherem Grade von andern Massengütern, namentlich den Waldprodukten und den Montanprodukten. Es wird unsrer Betrachtung dienlich sein, nicht blos Begriffe, sondern eine Vorstellung dieser Bewegung zu geben.

Der Gattungswerth des Weizens, den der Landbauer des fernen Westens Amerikas erzeugt, bleibt derselbe, ob sein Produkt ausgeführt wird, oder nicht. Der Tauschwerth wird aber erst durch den Markt, durch die Ausfuhrmöglichkeit geschaffen; und dieser Tauschwerth steigt mit der Ausdehnung dieses Marktes und diese Ausdehnung steigt mit der Erleichterung und Billigkeit der Transportmittel. Derselbe verschwindet vollständig, wenn der Farmer sein Korn, das er weder ganz verzehren, noch verkaufen kann, verbrennt; er beginnt erst mit dem nächsten Markt. Die Landstrasse bietet den ersten Wirkungskreis für diesen Prozess. Aber diese Wertherzeugung an einem Gute von bestimmtem Gattungswerthe findet bald an den Kosten des Transportes ihre Grenze. Diese Grenze, welche die Kosten per Achse auf der Landstrasse bilden, wird weiter hinausgerückt durch die Eisenbahn. Es ist hier eine Werthsteigerung desselben Guts gegeben durch Mittel der Bewegung, die an sich zu diesem Werthe nichts scheinen beitragen zu können. Wie beim Hebel aus der blossen Stellung der Stützpunkte eine neue sich steigernde Kraft entspringt, so werden hier erst durch die Landstrasse, dann durch die Eisenbahn neue grosse Werthe an Gütern durch ein Mittel der Bewegung erzeugt. Die wirthschaftlichen Grenzen dieser Bewegung sind bei der Landstrasse viel enger, als bei den Eisenbahnen. Rechnen wir auf einer amerikanischen Landstrasse die Kosten des Transports per Tonne und Meile auf 15 Cents, auf einer Eisenbahn 1.5 Cents, so würde für Weizen und Wälschkorn die wirthschaftliche Grenze auf der Landstrasse schon mit 320 und resp. 160 Meilen oder früher gegeben sein; auf der Eisenbahn wird sie sich über 330 Meilen ausdehnen. Die folgende Tabelle mag eine Vorstellung davon geben.

Ueberschlag zur Aufzeigung des Werths einer Tonne Weizen und Wälschkorn auf bestimmten vom Markt entfernten Punkten in seinem Bedingtsein von den Kosten des Transports auf Eisenbahnen und auf der gewöhnlichen Landstrasse:

	Transport auf der Eisenbahn.		Transport auf der gewöhnlichen Landstrasse.	
	Weizen.	Wälschkorn.	Weizen.	Wälschkorn.
	Doll. Cts.	Doll. Cts.	Doll. Cts.	Doll. Cts.
Werth auf dem Markte....	49 50	24 75	49 50	24 75
Werth 10 M. v. Markte entfernt	49 35	24 60	48 —	23 25
„ 20 „ „ „ „	49 20	24 45	46 50	21 75
„ 30 „ „ „ „	49 5	24 30	45 —	20 25
„ 40 „ „ „ „	48 90	24 15	43 50	18 75
„ 50 „ „ „ „	48 75	24 —	42 —	17 25
„ 60 „ „ „ „	48 60	23 85	40 50	15 75
„ 70 „ „ „ „	48 45	23 70	39 —	14 25
„ 80 „ „ „ „	48 30	23 55	37 50	12 75
„ 90 „ „ „ „	48 15	23 40	36 —	11 25
„ 100 „ „ „ „	48 —	23 25	34 50	9 75
„ 110 „ „ „ „	47 85	23 10	33 —	8 25
„ 120 „ „ „ „	47 70	22 95	31 50	6 75
„ 130 „ „ „ „	47 55	22 80	30 —	5 25
„ 140 „ „ „ „	47 40	22 65	28 50	3 75
„ 150 „ „ „ „	47 25	22 50	27 —	2 25
„ 160 „ „ „ „	47 10	22 35	25 50	— 75
„ 170 „ „ „ „	46 95	22 20	24 —	
„ 180 „ „ „ „	46 80	22 5	22 50	
„ 190 „ „ „ „	46 65	21 90	21 —	
„ 200 „ „ „ „	46 50	21 75	19 50	
„ 210 „ „ „ „	46 35	21 60	18 —	
„ 220 „ „ „ „	46 20	21 45	16 50	
„ 230 „ „ „ „	46 5	21 30	15 —	
„ 240 „ „ „ „	45 90	21 15	13 50	
„ 250 „ „ „ „	45 75	21 —	12 —	
„ 260 „ „ „ „	45 60	20 85	10 50	
„ 270 „ „ „ „	45 45	20 70	9 —	
„ 280 „ „ „ „	45 30	20 55	7 50	
„ 290 „ „ „ „	45 15	20 40	6 —	
„ 300 „ „ „ „	45 —	20 25	4 50	
„ 310 „ „ „ „	44 85	20 10	3 —	
„ 320 „ „ „ „	44 70	19 95	1 50	
„ 330 „ „ „ „	44 55	19 80		

Wenden wir das Verhältniss dieser Bewegung, wie sie durch die obige Tabelle illustrirt wird, auf *Kanäle* an, so ist es klar, *dass die Ausdehnung des Marktes und damit die wirthschaftliche Grenze für den Tauschwerth von Massengütern mit der ums Doppelte billigeren Fracht auch ums Doppelte weiter hinaus gerückt wird und einen Rayon über 600 Meilen beschreiben kann.*

Es ist uns diese Betrachtung schon bei den lebhaften Debatten über den Eisenbahntarif nahe getreten. Man hat von Massengütern gesprochen ›*welche die Eisenbahnfracht nicht mehr ertragen.*‹ Es ist dies nur ein anderer Ausdruck für das, was wir oben *die wirthschaftliche Grenze des Tauschwerthes* genannt qaben. Es tritt aber hier die ernste Frage auf, ob dann dieselben Güter *die Kanalfracht nicht ertragen werden*, oder ob sie ungenützt liegen sollen, *wenn die Möglichkeit vorhanden ist, ihnen durch Kanäle einen Markt und damit einen Tauschwerth und ganzen Territorien einen dauernden Erwerb zu erobern?* Herrliche Steine, Sandsteine, Quarz, Porphyr und Marmor, reiche Lager von Eisen und anderen Erzen, mächtige Torfschichten von Meilen Umfang harren nur des Zauberstabes, um in Gold verwandelt zu werden. In den grossen Verkehr als neues Material der Gütererzeugung werden sie schliesslich nur durch Kanäle und natürliche Wasserstrassen gebracht werden können. Die Eisenbahnen haben ihr Aeusserstes gethan; es werden jetzt aber auch die Grenzen ihrer Leistungsfähigkeit sichtbar.

Dass die Amerikaner trotz der jahrzehntelangen Bevorzugung der Eisenbahnen dafür ein scharfes Auge haben und gar nicht daran denken, ihre Kanäle aufzugeben, dass sie vielmehr an deren Verbesserung und an Neubau von solchen denken, wird durch viele Zeugnisse bestätigt, von denen wir nur eines für viele beibringen wollen. Im 2 B. des oben erwähnten Berichtes des Senatkomites Seite 737 lesen wir in den Erklärungen von M. Norwood vor dem Komité:

›Ich glaube, wir wagen nichts, gleich von vornherein die Thatsache anzunehmen, dass Wasser das billigste Mittel bildet, schwere Produkte des Handels zu bewegen. Die Versuche in dieser Beziehung sind so wohl bezeugt, dass ein Zweifel daran die Aeusserung der Narrheit wäre, an seinem eigenem Verstande zu zweifeln, und ich bin überzeugt, dass es keine Schwierigkeit bietet, zu beweisen, dass der Wassertransport keine verpuffte Idee sei, dass Kanäle nicht unbrauchbar und überflüssig geworden seien, sondern dass im Gegentheil ihre Vervielfältigung die grosse Nothwendigkeit des Landes und die hauptsächliche Hoffnung für dessen gegenwärtiges und zukünftiges Gedeihen sei.«

Es ist wahr, dass eine Zeit lang das langsame mühselige Kanalboot in gewissem Grade durch seinen anspruchsvolleren Rivalen, die Eisenbahn, verdunkelt worden ist. Aber die Erfahrung lehrt uns, dass dies mühselige Kanalboot, dessen anspruchslose Bewegungen auf dem Eriekanal bei dem Zuschauer kaum mehr erregt, als ein ironisches Lächeln, mehr Fracht trägt, als der längste Eisenbahnzug, und für den Fortschritt der grossen Industriezweige des Landes in der That mehr leistet, als alle Stammlinien vom St. Lorenzstrom bis zum Potomac.«

»Es ist eine hartnäckige Anstrengung gemacht worden, der öffentlichen Meinung die Idee aufzudrängen, dass die Eisenbahnen alle übrigen Transportweisen überflüssig gemacht hätten. Dies hatte eine Zeit lang seine Wirkung. Die Erfahrung hat aber diese Täuschung zerstreut; und wir kommen wieder zurück zur Wahrheit. Die Fehlschläge einiger schlecht geplanter und schlecht gebauter Kanäle wurden aufgegriffen und im Lande austrompetet, als ein Beweis, dass dies System unbrauchbar sei; und dies hat den Stoff jenen atlantischen Seehäfen geliefert, wo die Natur eine Wasserverbindung mit dem Westen unmöglich macht. Man hat keine Anstrengungen gespart, Gläubige für diese grundlosen Behauptungen zu gewinnen. Wenn wir aber die Fehlschläge der Eisenbahnen, als finanzielle Unternehmungen, nehmen — und dies ist möglicherweise die wahre Probe — so finden wir, um wie viel Prozente sie die der Kanäle übersteigen; und dieses Resultates kann sich jeder vergewissern, der sich die Mühe nimmt, es zu untersuchen.«

›Es ist wahr, wir haben Eisenbahnen und haben dieselben seit einer grossen Zahl von Jahren gehabt; und doch starrt uns die Thatsache ins Gesicht, dass, obgleich unsere Seehäfen weniger, als tausend Meilen vom grossen Handelsmittelpunkt St. Louis entfernt und demselben weit näher, als Newyork sind, doch keines Dollars Werth fremder Güter seinen Weg von Savannah nach St. Louis findet, noch ein einziges Bushel Korn aus dem Innern des Landes auf diesem Wege kommt.‹

Nun könnte man fragen, warum geht alles Korn von Westen nach Newyork? Und warum importirt der Westen über Newyork? Wie kommt es, dass die Zirkel-Route über die Seen selbst den Handel des Mississippi mit sich zieht? Warum importiren wir Eisen? Warum bebaut der Süden Millionen Acres mit Korn, und zieht diese Frucht mit den Durchschnittskosten von 94 Cents per Bushel, während Baumwolle 20 Cents per Pfund werth ist und Korn in Missouri und Jowa 10 Cents per Bushel? Warum ist das nothwendig? Warum hat sich der Landestheil von Nordwesten längs den grossen Seen so reissend entwickelt, dass er das Wunder der Welt geworden ist, dass alle jene Theile selbst über den Mississippi hinaus, die einen Ausgang durch die Seen finden, alle jene Theile ausgestochen haben sollen, die südlich von der Breite des Ohio liegen? Es giebt eine Ursache dafür und die wahre ist sehr verschieden von der, welcher es gewöhnlich zugeschrieben wird.

Einige sagen, dass Newyork sein Wachsthum seinem Hafen verdanke. Solch ein Grund kann nur ein Lächeln erregen, wenn man bedenkt, dass es eine Menge Häfen in der Welt giebt, die ebenso gut sind, als der von Newyork, und an denen doch keine Städte gebaut sind, weil ausser dem Hafen noch etwas Anderes dazu gehört. Wir haben im Gegentheil ein merkwürdiges Beispiel zur Hand. Die Mündung des Mississippi ist so versperrt durch Schlamm und Sandbänke, dass es nicht ungewöhnlich ist, wenn ein Schiff Tage lang festsitzt, unfähig, heraus oder herein zu kommen, und doch hat New-Orleans Jahre lang, dem Werth nach den grössten Theil der Ausfuhr und Einfuhr des Landes beherrscht.

Eine andre Klasse, die sich für sehr wissenschaftlich hält, hat sehr viel zu sagen von natürlichen Kanälen des Handels und der Einwanderung und von gewissen Breitenparallelen längs deren sie strömen, wie das Wasser vom Berge fliesst. Das mag Alles recht gut sein, aber es genügt nicht dem Verstande praktischer Männer; diese wollen etwas, was mehr mit den Gesetzen des gesunden Menschenverstandes übereinstimmt. Sie wissen, dass es ebenso wenig natürliche Kanäle des Handels oder der Einwanderung gibt, als natürliche Eisenbahnen, oder Schiffe, oder Dampfboote.

Der Handel geht dahin, wo er am einträglichsten ist und der Einwandrer dahin, wo er die beste Heimath und den reichlichsten Lohn für seine Arbeit findet. Der Handel und der Einwandrer, beide suchen den Westen und wählen die Route, welche sie am billigsten fördert; oder warum landen sie sonst nicht in Halifax, oder Portland, oder Boston, anstatt an diesen Plätzen vorbei nach Newyork zu gehen? Die Antwort kann gesammelt werden in zwei Worten. »*Billiger Transport*« das ist der Schlüssel des Geheimnisses. Die Erfahrung bestätigt die Thatsache, dass der gewöhnliche Landstrassen-Wagen die kostspieligste Transportweise im gewöhnlichen Gebrauch ist; die nächste die Eisenbahn, während Wasser die billigste ist, obgleich es vielleicht etwas schwieriger ist, den genauen Unterschied zwischen den Kosten beider festzustellen. Der frühere Commodore Matthew F. Maury giebt folgenden Unterschied an: Eisenbahntransport 500%, billiger, als Wagentransport; auf freiem Kanal 600% billiger, als auf der Eisenbahn; und auf dem Flusse 750% billiger, als auf der Eisenbahn und diese Schätzung ist auf einen thatsächlichen Vergleich zwischen Linien in verschiedenen Theilen des Landes begründet worden.«

»Neuere Erfahrungen auf dem Erie-Kanal zeigen, dass eine Tonne Fracht auf dieser Linie mit den alten Pferdebooten für 5$^1/_4$ Mills per Meile einschliesslich der Staatsgebühren befördert werden kann. Dieselbe Autorität Report of the Board of Special Commissioners 1872, dass es *möglich* ist, unter den günstigsten

Bedingungen, eine Tonne Fracht auf einer Eisenbahn, wie Newyork Zentral-Bahn mit Steigungen die nicht über 20 Fuss gehen für 9$^1/_2$ Mills zu befördern. Das lässt noch immer einen Unterschied von fast 100% zu Gunsten des Kanals übrig, aber wenn wir bedenken, wie viele Bedingungen in dieser Verringerung der Eisenbahnfracht bis auf 9$^1/_2$ Mills mit einbegriffen sind, werden wir überzeugt werden, dass der wirkliche Unterschied viel grösser ist. Dieselben Versuche beweisen aber die Ausführbarkeit, Dampf als bewegende Kraft auf Kanälen zu gebrauchen; und die erste Anwendung davon auf dem Erie-Kanal hat die Folge einer Verringerung der gegenwärtigen Transportkosten um 65% gehabt, was zwischen dem Kanal und dieser Eisenbahnmöglichkeit einen Unterschied von nahe über 400% ausmacht.

Die Konkurrenz kann diese Zahlen nicht ändern, noch können gesetzliche Bestimmungen sie umwandeln. Sie werden bleiben, so lange nicht eine billigere Betriebsmethode auf Eisenbahnen erfunden worden ist. *Und diese würde sich ohne Zweifel auch auf Kanäle anwenden lassen.*‹

›Das Volk im Westen versteht diese Frage des Wassertransports sehr wohl; und im Volk des Südens beginnt der Sinn für die Thatsache zu erwachen, dass die Entwicklung ihrer grossen Interessen einen freieren Verkehr mit ihren Brüdern im Westen fordert. Nun, die Frage, wie dies zu verwirklichen, giebt sich von selbst. Wir haben *Eisenbahnen* zwischen diesen Landestheilen und *doch verbrennt die Bevölkerung von Jowa ihr Getreide, während Kohlen-, Eisen- und Fabrik-Interessen dieses Staates unter dem Mangel an billiger Nahrung leiden.* Ist irgend Jemand im Stande, zu sagen, dass Angesichts dieser Thatsachen unser gegenwärtiges System unseren Bedürfnissen entspreche? Dass wir zufrieden sein sollen Dollar 1, für Getreide von 10—15 Cents Werth zu zahlen? Oder dass der westliche Farmer zufrieden sein soll, wenn er von Dollar 1, die für 1 Bushel Korn gezahlt werden, als Lohn für seine Arbeit nur 10 Cents erhält? Vor fünfzig Jahren und mehr war die Aufmerksamkeit des Westens und in der That aller denkenden Männer auf diesen Gegenstand gerichtet, und es wurde nach einer ausführbaren Route eines ungehinderten Kanals von unseren nördlichen Grenzen bis zu der südlichen Grenze von Virginien gesucht. Diese Untersuchungen haben bis jetzt noch keinen praktischen Erfolg gehabt, ausser dem *Erie-Kanal* und auf dies Werk will ich kurz zurückkommen, wenn auch nur, um zu zeigen, dass, obwohl er fünf Monate im Jahre zugefroren ist und die' andern sieben Monate mit dem langsamen Prozess der Pferdekraft betrieben wird, er doch erfolgreich mit jeder grossen Stammeisenbahnlinie nördlich vom Potomac konkurrirt und als Frachtführer alle übertrifft. Der Kanal ist 363 Meilen lang und kostet Dollars 38,977,831.16 einschliesslich der Erweiterungen und Verbesserungen. Im Jahre 1862 betrug die ganze auf dies Werk verwendete Summe mit Interessen Dollars 52,491,915.74, während die Bruttoeinnahme der Gebühren während derselben Periode von 30 Jahren Doll. 71,783,676.65 betrug. Zieht man die Kosten Doll. 12,518,860.03 davon ab, so bleibt ein Nettogewinn von Doll. 59,264,812.62, eine Summe hinreichend, um die Gesammtkosten des Baues mit Interessen zu zahlen und einen Rest von nahezu Doll. 7,000,000 übrig zu lassen. Es erhellt aus dem Report des Staatsingenieurs, dass nur wenig mehr als $1/_6$ der Bruttoerträge nöthig war, um alle Kosten zu zahlen, während der Rest von $5/_6$ ein Nettogewinn war; und dabei ist eine Periode mit eingeschlossen, wo der Kanal noch in unvollendetem Zustande war, und die Reparaturen grösser und die Einnahmen geringer waren.«

Wir haben den Kanal als blosse Kapitalanlage betrachtet. Lasst uns jetzt sehen, was er zu den grossen Interessen des Landes beigetragen hat. Die Ausfuhr Newyorks betrug 1820 Doll. 11,769,511, die von Philadelphia Doll. 5,743,549. Die Bevölkerung von Newyork war 123,706; die von Philadelphia 137,697. Im Jahre 1830, fünf Jahre, nach dem der Eriekanal eröffnet war, betrug die Einfuhr von Newyork Doll. 38,536,064, die von Philadelphia Doll. 9,525,893, die Ausfuhr von Newyork Doll. 17,666,624, die von Philadelphia Doll. 4,291,793. Die

Bevölkerung von Newyork war gestiegen bis zu 203,007, die von Philadelphia bis zu 136,961. Im Jahre 1840 importirte Newyork für Doll. 60,000,000, Philadelphia für Doll. 8,000,000. Newyork exportirte für Doll. 32,000,000, Philadelphia für Doll. 6,000,000. Die Bevölkerung von Newyork war 312,712, die von Philadelphia 258,832. Im Jahre 1852 importirte Newyork für Doll. 116,000,000, Philadelphia für Doll. 12,000,000. Newyork exportirte für Doll. 47,000,000, Philadelphia für 4,000,000. Die Bevölkerung von Newyork war 515,304, die von Philadelphia 409,353. Im Jahre 1871 importirte Newyork für Doll. 357,909,000, Philadelphia für Doll. 17,728,000. Newyork exportirte für Doll. 282,530,000, Philadelphia für Doll. 17,903,000. Der Betrag des Newyorker Exports schloss in sich ⅗ aller ausgeführten Brodstoffe, und dies war das Produkt des Westens. Der vermehrte Export von Philadelphia war hauptsächlich Petroleum, das seinen nächsten Markt in dieser Stadt fand.

»Es würde schwer sein, diesen wunderbaren Unterschied der Zunahme zu begreifen, wenn wir nicht den Bericht der Newyorker Kanäle zur Hand hätten, der uns zeigt, dass die Gebühren auf dem Eriekanal innerhalb der spezifizirten Periode von Doll. 5,424 im ersten Jahre bis zu Doll. 4,246,563 im Jahre 1868 sich vermehrt haben. Der Tonnenwerth, der den Kanal passirte, betrug 1837 Doll. 55,809,288; er war 1868 Doll. 305,301,929, also eine Vermehrung von nahe 600 Prozent. Aus denselben Berichten erfahren wir, dass der Kanal jährlich 40 % Prozent mehr an Frachten in Tonnen verführt, als die Erie- und Zentral-Eisenbahnen zusammen und diese Bahnen umfassen zum grössten Theil das Eisenbahnsystem des Staates. Ich glaube im Angesicht dieser Thatsachen wird niemand leugnen, dass *das Gedeihen von Newyork zum grössten Theile dem Eriekanal zuzuschreiben ist.*«

»Ich habe noch nicht Bezug genommen auf den Chesapeake- und Ohiokanal, noch auf die Pennsylvaniakanäle, weil denselben bis jetzt noch nicht gelungen ist, eine fortlaufende Wasserverbindung mit den schiffbaren Strömen des Westens herzustellen. Aber sie haben reichlich zur Entwickelung der Länder beigetragen, durch welche sie gehen, und das besonders zu der der Eisen- und Minenintereseen. Dass sie Kohlen *billiger*, als die *Eisenbahnen* transportiren können, ist durch die Thatsache bewiesen, dass die Readingbahn den Susquehannakanal gepachtet mit der eingestandenen Absicht, ihn zu einem billigeren Kohlentransport zu gebrauchen, als die Eisenbahn leisten kann.«

»Dasselbe gilt als wahr auch für Eisen. Die Kohlen- und Eiseninteressen Pennsylvaniens machen es heute zum reichsten und glücklichsten Staate der Union. Georgia, Tenessee und Alabama besitzen grosse Minen von Kohlen und Eisen, reicher an Quantität und Qualität, als irgend welche andere Minen auf dem Kontinent; und doch bleiben sie unentwickelt und nutzlos, wie »das verborgene Talent«, blos weil wir keine billigen Transportmittel haben, die es uns ermöglichen, diese Produkte auf einen vortheilhaften Markt zu bringen. In dieser Beziehung haben sich die Kanäle Pennsylvaniens als kein Fehlschlag erwiesen, oder sind in Nichtgebrauch verfallen, wie von Denen behauptet worden ist, welche sie als Argument gegen unsere vorgeschlagenen grossen nationalen Linien benützen.«

Wir haben schon im Vorhergehenden auf gewisse natürliche Nachtheile der Eisenbahnen aufmerksam gemacht, die denselben als Transportmitteln anhaften. Der obige Bericht erwähnt mit Recht die grössere Abnutzung der Bahn und ihrer Utensilien und den grösseren Verbrauch der Arbeitskraft. Alle solche Nachtheile aber, die in der Konstruktion und in der nothwendig gegebenen Betriebsweise liegen, sind grundlegende Momente geringerer Leistungsfähigkeit für billige Fracht, den Kanälen gegenüber, und können durch die vereinzelte Statistik einer da oder dort gelungenen Eisenbahnkonkurrenz nicht wegdisputirt werden; es ist vielmehr für solches vereinzeltes Gelingen nach anderen Ursachen der Erklärung zu forschen.

Die Unmöglichkeit der Züge, sich, ausser an den Weichstellen, auszuweichen, haben wir schon erwähnt. Wir fügen hinzu, dass dies nicht nur die gleichzeitige Frachtführung grosser Massen, wie auf den Kanälen, verhindert, sondern überhaupt dem Verkehr einen sprunghaften, gebundenen Charakter verleiht. Auf den Kanälen kann an jeder Stelle auf- und abgeladen werden, von jeder Stelle auf der ganzen Linie ein Schiff ab- oder zugehen; auf den Bahnhöfen häufen sich oft die Frachten, dass sie Tage und Wochen lang liegen bleiben müssen und so der Vortheil der grösseren Schnelligkeit des Eisenbahntransports oft wieder verloren geht. Dies Alles noch dazu mit der volkswirthschaftlich ungesunden Wirkung, dass die Eisenbahnen, bei dem Mangel an Konkurrenz von Kanälen, sich mit Massengütern überladen, den Verkehr künstlich in den Städten konzentriren und den Lokalverkehr und die Lokalwirthschaft, der durch Kanäle viel besser gedient wäre, veröden helfen.

Was die grösseren Kosten des Eisenbahntransports betrifft, so kommt hier zunächst die nothwendige grosse Menge von Nebengeleisen und das Rangiren in Betracht. »In Preussen kommen jetzt durchschnittlich 55 Proz. Geleise auf das durchgehende Hauptgeleis, 21 Proz. auf das zweite Geleis der doppelgeleisigen Bahnen und 24 Proz. auf Nebengeleise. Das Rangiren selbst, welches bei dem Chaussee- und Wassertransport ganz fortfällt, erfordert eine grosse Masse von Menschen und Maschinenkraft. Im Jahre 1873 hat sich bei der Lokomotivleistung ein Verhältniss der Nutzkilometer zu den Rangirkilometern herausgestellt:

bei der Niederschlesischen Bahn wie 100 : 39.4,
» » Oberschlesischen » » 100 : 54.5,
» » Saarbrücker » » 100 : 113.6.*)

Rechnet man, dass, ausser den Lokomotiven, auch viele Menschen und Pferde beim Rangiren beschäftigt werden, so gestaltet sich dies Verhältniss noch viel ungünstiger.**)

---

*) Schwabe, Ueber den Kohlenverkehr. 1875.
**) Die Verkehrsstrassen, von einem Fachmanne. Berlin 1876. Klönne & Müller.

Was nun den Werth der Materialien betrifft, so sind diejenigen, die bei der Eisenbahn zur Verwendung kommen, zahlreicher und von grösserem Werth, als die bei den Kanälen. In noch grösserem Maasse, als bei diesen, tritt aber bei den Eisenbahnen der Verbrauch und die Abnutzung derselben ein, in um so höherem Maasse, je schwerer und massenhafter der Transport wird.

»Rechnet man, dass jetzt bei 2300 Meilen Eisenbahn etwa 4000 Meilen Geleislänge vorhanden, dass pro Meile 13,000 Ctr. Schienen und Kleineisenzeug erforderlich sind, *welche durchschnittlich nach 15 Jahren erneuert werden müssen*, dass jetzt jährlich mit Vermehrung der Geleise auf den Bahnhöfen etwa 400 Meilen neue Geleise angelegt werden, dass ausserdem Eisen zu Brücken, eisernen Hallen, Drehscheiben, Schiebebühnen, Wagen, Lokomotiven in grosser Menge verbraucht wird, dass bei dem Walzen und der Verarbeitung ein bedeutender Gewichtsverlust eintritt, so kann man annehmen, dass $1/_8$ bis $1/_2$ der ganzen *Eisenproduktion* Preussens, welche 1873 an Roheisen 31,500,000 Ctr. betrug, von den Eisenbahnen in Anspruch genommen wird.«

»Bei der Lokomotivheizung, beim Schmelzen der Erze zur Herstellung des erforderlichen Eisens, bei Anfertigung der Schienen, eisernen Brücken, des ganzen Eisenbahnbedarfs, in den Reparaturwerkstätten kommt $1/_6$ bis $1/_5$ der *ganzen Kohlenproduktion Preussens* zur Verwendung, welche 1872 die Masse von 590 Millionen Ctr. erreicht hat.«

»Bei einem Bedarf von 8200 Schwellen pro Meile, *welche durchschnittlich alle 6 Jahre zu erneuern sind*, bei Unterhaltung von 3900 Meilen Geleislänge, bei einer Zunahme der Geleislänge um 400 Meilen gebraucht man jährlich 8,610,000 Schwellen zu durchschnittlich 0.12 Kubikm. Inhalt, also 1,033,200 Kubikm. *Holz.* Der jährliche Holzzuwachs beträgt durchschnittlich $3/_5$ Kubikm. pro Morgen. Es ist also zu dem genannten Schwellenbedarf der jährliche Ertrag von 1,722,000 Morgen

Forst, oder von 77 Quadratmeilen, etwa von 5 Proz. des ganzen preussischen Waldareals erforderlich.«

»Der grösste Uebelstand, den die Eisenbahnen mit sich führen, ist aber *der massenhafte Verbrauch von Arbeitskräften.*«

»Bei dem Betriebe und der Bauunterhaltung einer Meile Eisenbahn werden in Preussen durchschnittlich 76 Leute ständig beschäftigt, also auf 2,300 Meilen 175,000. Zum Neubau einer Meile Eisenbahn sind bei mittlererer Terrainschwierigkeit, wenn der Bau in zwei Jahren vollendet werden soll, 400 Arbeiter erforderlich. Im Jahre 1874 waren in Preussen 850 Meilen im Bau begriffen. Rechnet man nur 500 Meilen, so entsteht ein Arbeiterbedarf von 200,000 Mann. Hierzu treten aber noch die Arbeiter, welche bei Herstellung und Unterhaltung des Eisenbahnbedarfs, also bei Gewinnung und Zubereitung des zur Verwendung kommenden Eisens, Holzes, der Kohlen, bei Fabrikation der Schienen, der eisernen Brücken, bei dem Bau der Lokomotiven, Wagen und Beschaffung der sonstigen Betriebsmittel beschäftigt werden. Hierauf kann etwa der dritte Theil der obigen Summe gerechnet werden, so dass sich also eine Summe von 490,000 rund $\frac{1}{2}$ Million Arbeiter ergiebt. Hierbei ist noch unberücksichtigt, dass jetzt erhebliche Erweiterungsbauten, namentlich der Bahnhöfe und starke Vermehrungen der Betriebsmittel zur Ausführung kommen. Nach dem preussischen Staats- und Reichsanzeiger waren 1874 seitens der preussischen Bahnverwaltungen Lokomotiven, Schienen, eiserne Brücken für $33\frac{1}{2}$ Millionen Thaler in Bestellung gegeben. Rechnet man für Rohmaterial $5\frac{1}{2}$ Millionen, für Unternehmergewinn 5 Millionen, so bleiben 65 Millionen für Arbeitslohn was zu $1\frac{1}{3}$ Thlr. pro Tag gerechnet, und bei 300 Arbeitstagen pro Jahr eine Menge von 165,000 Arbeitern erfordert, wenn die Bestellungen in einem Jahre zur Ausführung kommen sollen. Man wird demnach nicht zu hoch greifen, wenn man die Zahl der männlichen Arbeiter, welche jetzt für die Eisenbahnen direkt und indirekt beschäftigt sind, zu 700,000 annimmt. Wenn man die Familien der Arbeiter berücksichtigt, so kann man rechnen, dass etwa der zehnte Theil der Bevölkerung von den Eisenbahnen lebt.‹*)

Wir haben diese Ausführung eines Technikers nicht blos mitgetheilt, um von dem grossen Aufwand an Material und Arbeitskraft, die der Eisenbahntransport erfordert, eine Vorstellung zu geben, sondern auch, um das eigenthümliche Verhältniss zu beleuchten, das die Eisenbahnen zu immer neuen und grösseren Ausgaben, zur Vergrösserung des werbenden Kapitals, wie zu grösserer Verwendung von Betriebskapital zwingt, so wie sich der Verkehr vergrössert und erweitert, und grössere Ansprüche an die Quantität der Transportleistung gemacht werden. Bei einem gut gebauten, hinreichend breiten und tiefen Kanale ist es in Betreff aller solcher Kosten ganz gleichgültig, ob 1000 oder 1,000,000 Centner oder Tonnen auf demselben transportirt werden.

Jene Elemente der Eisenbahnfracht, grosser steigender Aufwand für Arbeitskraft und Materialien, die grössere Abnutzung derselben mit der grösseren, massenhafteren zu bewegenden Fracht sind eben so sehr grundlegende technische Momente für das Verhältniss ihrer natürlichen Leistungsfähigkeit zu der der Kanäle, wie die grössere Freiheit der Bewegung auf der Wasserbahn, die Verschiebbarkeit der Wasserfläche, die Abnahme eines grossen Theils der Last durch das Wasser für die Leistungsfähigkeit der Kanäle im Verhältniss zu der der Eisenbahnen. Es geht aus alledem hervor, dass die Eisenbahn niemals, ohne ihren Bestand und ihre Wirthschaft zu ruiniren, eine Billigkeit der Fracht erreichen kann, wie die Wasserstrasse. Tritt daher irgendwo die Thatsache einer siegreichen Konkurrenz der Eisenbahn in der Billigkeit der Fracht gegen einen Kanal derselben Route auf, so hat man die Pflicht, ehe man die natürlichen Gesetze beider Transportweisen verneint, nachzuforschen, ob dieser Fall wirklich eine Probe zwischen *Eisenbahn* und *Kanal* darstellen kann, ob es nicht vielmehr eine Probe zwischen *guter* und *schlechter Konstruktion* oder *Verwaltung*, *Finanzirung* oder *Spedition* oder mehrerer, oder aller dieser Momente ist, welche

---

*) Ebendaselbst.

erfahrungsgemäss den grössten Einfluss auf die Rentabilität beider grosser Verkehrwerkzeuge haben.

Dies in Betreff der amerikanischen Eisenbahnen und Kanäle zu prüfen, war auch die Pflicht des Herrn Mosler, ehe er die momentane ungünstige Frachtkonjunktur einiger Jahre gleich als Norm aufstellte und daraus die voreiligsten Schlüsse zog.

Wenn wir einen Blick auf die Karte der Vereinigten Staaten werfen, so sehen wir auf den ersten Blick, welche grossen natürlichen Wasserstrassen dieses Land besitzt. Im Norden der mächtige St. Lorenzstrom, dann in Verbindung mit ihm von Osten nach Westen die grossen Seen, der Ontario-, der Erie-, der Huron-, der Michigan-, der Superior-See, eine Reihe wahrer Binnenmere; nach Süden zu auf der östlichen Küste der Hudsonfluss und der Delaware, dann die tief einschneidende Chesapeakebai mit dem Susquehanna- und Potomacfluss, die in sie münden; im Westen der mächtige Mississippistrom mit seinen grossen schiffbaren Nebenflüssen, der von Norden nach Süden die reichen Länder zwischen den Alleghanybergen und dem Felsengebirge durchströmt und bei Neworleans im Golf von Mexico mündet. Wir sehen aber auch zugleich, dass diese grossen natürlichen Wasserstrassen die Gebiete umgeben, aber nicht durchdringen, welche zuerst angesiedelt wurden, nämlich die zu beiden Seiten der Alleghanies gelegenen Gebiete, den breiten östlichen Küstengürtel und die Bottomländer westlich von den Alleghanies. So lange die ersten Ansiedlungen, industrielle und kommerzielle Städte an günstigen Punkten der Seeküste und Ackerbaugemeinden längst der atlantischen Küste bestanden, wurde das Bedürfniss grosser künstlicher Wasserstrassen, welche jene natürlichen Wasserstrassen in Verbindung bringen, nicht so lebhaft gefühlt. Als sich aber der Strom der Einwanderung über die Alleghanygebirge ergoss, in diesen oft noch Urwald und Indianer, wie im Westen der Staaten von Newyork, Pennsylvania und Maryland, hinter sich zurücklassend, als in geschichtlich unerhörter Zeitkürze mächtige Ackerbaustaaten und grosse Städte erst zwischen den Alleghanies und dem Mississippi, dann zwischen diesen und den Felsengebirgen entstanden, trat das mächtig drängende Bedürfniss auf, dem grossen Prrduktenhandel des Westens Ausgangsthore nach der Ostküste zu eröffnen. Der St. Lorenzstrom, sieben Monate im Jahre zugefroren, der Mississippistrom, weit im Süden ins Meer mündend, konnte diesen grossen Interessen nicht genügen.

Der Erste, welcher mit prophetischem Blick die grosse Zukunft des Westens erkannte, und jenem Bedürfniss entgegenkommen wollte, war *Washington*.

Als junger Mann von einundzwanzig Jahren wanderte er über die Alleghanyberge, und entwarf einen Plan, den Ohio durch einen Kanal mit der Chesapeakebai am Ufer von Virginien, seiner Heimath, zu verbinden. Das »House of burgesses of Virginia« votirte ihm seinen Dank; das Projekt kam aber nicht zur Ausführung. Zu seiner Zeit war Virginien der reichste und bevölkertste Staat, die Wiege grosser Staatsmänner und hätte mit der nöthigen Energie den Plan wohl durchführen können, namentlich da es dem schiffbaren Theil des Ohio nahe lag. Als dann die ausgedehnten Länder Ohio, Indiana, Illinois, Missouri, Jowa und Wisconsin, die zu seiner Zeit noch eine Wildniss waren, sich füllten und rasch bevölkerte Ackerbaustaaten bildeten, und im Norden sich Handel und Gewerbe rasch entwickelten, war es der Staat von Newyork, der durch den Bau des Eriekanal den grossen Strom des Produktenhandels des Westens durch sein Gebiet lenkte, und die Stadt Newyork zum grossen Emporium dieser Handelsbewegungen erhob. Unter dem Gouverneur Dr. Tompskins 1810, und in Folge der energischen Agitationen des genialen Dr. Witt de Clinton der Gesetzgebung vorgelegt, wurde der Bau 1817 begonnen und 1825 vollendet.

Man sollte gewiss annnehmen, dass ein so grosses Werk, das Newyork im Zeitraum eines halben Jahrhunderts von einer kleinen Seestadt von etwa 20,000 Einwohnern zu einer Weltstadt erhoben hat, einen Verkehr beherrsche, der den Kanal zu einer rentablen Verkehrsstrasse machen muss. Aus den obigen Mittheilungen geht auch zur Genüge das grosse Resultat dieser Unternehmung hervor, das es, obwohl seit den dreissiger Jahren in steter Konkurenz mit den parallell und in gleicher Richtung laufenden Eisenbahnen, errungen hat. Um so mehr muss man sich wundern, wenn Herr Mosler das Geschäft dieses Kanals als überwunden und überflüssig gemacht von der Konkurrenz der Eisenbahnen darstellt. Es ist aber die Frage, ob diese Ansicht, an seinem eignen Material geprüft, stichhaltig ist. Herr Mosler giebt den Kanalverkehr des Erie- und seiner grossen Seitenkanäle, des Oswego- und Champlainkanals in einer Tabelle, die der auch von uns benutzten Quelle des Berichts des Select Committee on Transportations routes to Seaboard entnommen ist, wie folgt:

Jahr.	Erie-Kanal. Tonnen.	Champlain-Kanal. Tonnen.	Oswego-Kanal. Tonnen.
1837	667,151	261,659	161,355
1838	744,848	266,553	222,697
1839	845,007	263,522	221,014
1840	829,960	245,229	219,627
1841	906,442	276,418	135,689
1842	712,310	230,844	129,498
1843	819,216	262,212	240,571
1844	945,944	269,546	326,607
1845	1,038,700	266,922	340,481
1846	1,264,408	280,480	351,511
1847	1,661,575	313,124	444,096
1848	1,599,965	293,889	490,147
1849	1,622,444	321,345	557,637
1850	1,635,089	460,219	573,346
1851	1,955,265	513,793	676,321
1852	2,129,334	531,001	684,191
1853	2,196,308	608,354	761,276
1854	2,224,008	602,913	611,533
1855	2,202,463	537,108	654,399
1856	2,107,678	611,610	657,381
1857	1,566,624	547,236	605,218
1858	1,767,004	608,918	688,960
1859	1,753,954	751,046	612,390
1860	2,253,533	681,157	1,080,076
1861	2,500,782	545,930	852,930
1862	3,204,277	647,318	1,063,413
1863	2,955,302	878,920	992,173
1864	2,535,792	846,790	765,097
1865	2,523,490	815,311	825,649
1866	2,896,027	1,001,493	990,809
1867	2,920,578	1,047,440	940,136
1868	3,346,986	1,120,585	958,444
1869	2,845,072	1,059,334	934,638
1870	3,083,132	1,143,719	917,728
1871	3,580,922	1,099,995	941,858
1872	3,562,560	1,449,528	832,490

Dieser Tabelle folgt die seltsame Erklärung Herrn Moslers:
»Eine *ansteigende Tendenz* im Verkehr ist hiernach bis 1872 bloss auf dem Champlain-Kanal bemerkbar. Dieselbe steht im Zusammenhang mit der von der Eisenbahnkurrenz wenig berührten Schifffahrt auf dem Champlain-See.

Der Erie-Kanal zeigt einen Stillstand und der Oswego-Kanal eine *Abnahme in der Verkehrs-Entwickelung*.«

Wir sehen auf dem Eriekanal von 1837 bis 1845 eine »ansteigende Tendenz« des Verkehrs von 667,151 auf 1,038,700 Tonnen, von 1845 bis 1852 eine »ansteigende Tendenz« von 1,038,700 auf 2,129,334 Tonnen, von 1852 bis 1862 »eine ansteigende Tendenz« von 2,129,334 auf 3,204,277 Tonnen; in diesem Zeitraum tritt in den Jahren 1857, 1858 und 1859 eine bis 1,566,624 Tonnen rückwärtsgehende Bewegung ein, die aber durch die grosse Handelskrisis von 1857 hinreichend erklärt wird, und sich bald wieder bis auf 2,500,782 und 3,204,277 Tonnen erhebt; eine weitere »ansteigende Tendenz« zeigt sich von 1862 bis 1871 wo der Verkehr bis auf 3,580,922 erhebt 1872 aber um Geringes auf 3,562,560 Tonnen sinkt. Die Schwankungen, die in diesem letzten Jahrzehnt vorkommen, finden ihre hinreichend mächtige Ursache in dem Bürgerkrieg und seinen wirthschaftlichen Folgen.

Wenn man aber den ganzen Zeitraum von 1837 bis 1872 und die Bewegung des Verkehrs auf dem Hauptkanalsystem Newyorks überblickt, die für den Eriekanal eine Steigerung von 667,151 auf 3,562,560 Tonnen, für den Champlainkanal von 261,659 auf 1,449,528 Tonnen, für den Oswegokanal von 161,353 auf 832,490 Tonnen aufweist, so zeigt sich hier eine »ansteigende Tendenz« des Verkehrs von einer Grossartigkeit, dass es unbegreiflich ist, sie leugnen und von *Stillstand* und *Abnahme* des Verkehrs reden zu hören. Wir mögen eine Verkehrsbewegung in einer Reihe von mehreren Jahren nehmen welche wir wollen, so werden wir Schwankungen, auf und nieder gehende Wellenbewegungen in derselben finden. Die wirthschaftlichen Einflüsse und Ursachen solcher Schwankungen, seien sie äussere oder innere, werden nicht immer so klar zu Tage liegen, wie hier. Wenn Herr Mosler allem Augenschein und allem Sprachgebrauch zum Trotz, darauf bestehen bleibt, dass hier keine »ansteigende Tendenz« des Verkehrs vorhanden sei, trotzdem er von Herrn *A. v. Studnitz* bereits auf diesen Widersinn aufmerksam gemacht wurde, so weiss man nicht, ob man die Sache noch ernsthaft nehmen kann. Es ist dem Zentralverein für Fluss und Kanalschifffahrt eine hübsche graphische Darstellung in Kurven vom Tonnenverkehr des Eriekanals nach obiger Tabelle eingesandt worden. Wir empfehlen Herrn Mosler die Ansicht derselben, um sich recht *augen*scheinsich von seinem kolossalen Irrthum zu überzeugen.

Weiter fährt Herr Mosler fort:

»Seit dem Jahr 1872 ist nun die Kanalbenutzung überhaupt in starkem Abnehmen begriffen, und beispielsweise ist der Eriekanal während der letzten Jahre stets unter einer Transportmenge von 3 Millionen Tonnen geblieben; indess liegen mir darüber keine nähern Nachweise vor.«

»Dem Verkehrsrückgang ist um so höhere Wichtigkeit beizulegen, als im letzten Jahrzehnt die Ausfuhr der Rohmaterialien und Halbprodukte aus dem Westen via Chicago ausserordentlich gestiegen und der in den Händen verschiedener Gesellschaften beruhende Konkurrenztransport der benachbarten Eisenbahnen staunenerregende Dimensionen angenommen hat. Auf der andern Seite ist auch im Lauf der Zeit kein Mittel von der Regierung unversucht gelassen worden, um den Kanalverkehr durch Verbesserung und Vervollständigung der Kanaleinrichtungen und Kanalunterhaltung, sowie durch Versuche in der Anwendung von Dampfzugkraft und durch stetige Herabsetzung der Kanalgebühren zu heben und zu pflegen. Aus den amtlichen Verkehrslisten ersieht man, dass diese Herabsetzung für die Hebung des Kanal-Verkehrs kaum bemerkbar geworden ist.«

Wenn während der beispiellosen industriellen Krisis der letzten Jahre, die in den Vereinigten Staaten, in Folgen der Schutzzölle und des uneinlösbaren Papiergeldes noch weit furchtbarer und tiefer greifend wüthet, als in Europa, das Frachtgeschäft einer grossen Verkehrsstrasse, wie des Eriekanals, nur *so wenig* gelitten hat, dass es unter seinen höchsten Transport von rund 3 Millionen etwas heruntergegangen, worüber aber nicht einmal Nachweise vorliegen, so ist das eher ein gutes, als ein schlechtes Zeichen für dessen Lebensfähigkeit. Die Steigerung der Ausfuhr von Rohprodukten in den Vereinigten Staaten in den letzten Jahren hat aber ihre eigene Geschichte. Der frühere General Commissionar of the Revenue *Wells* klagt bitter darüber, dass die Vereinigten Staaten in Folge der hohen Schutzzölle von Fabrikaten, ausser Nähmaschinen und Ackerbaumaschinen, Nichts mehr ausführen könnten, da die Produktion so vertheuert sei, dass ihre Hauptausfuhr in Rohprodukten bestehe; und die Ausfuhrlisten der letzten Jahre beweisen dies auch. Die Eisenbahnen sowohl, als die Kanäle hatten für die Bewegung vom Innern nach der Seeküste kein anderes grosses Objekt der Frachtkonkurrenz als das der Rohprodukte. Die Verbesserung und Vervollständigung der Kanäle, seitens der Regierung, datirt aber schon vom Jahre 1837 und den folgenden Jahren. Wenn aber Herr Mosler eine Hebung des Kanalverkehrs in Folge der Verbesserung und der Frachterniedrigung der Kanäle »aus den amtlichen Verkehrslisten,« denen doch seine obige Tabelle entnommen ist, *nicht* bemerkt, so ist das allerdings sehr bemerkenswerth.

Es ist aber keine Frage, dass in dem förmlichen Frachtkrieg, den die Newyorker Eisenbahnen gegen den Eriekanal geführt haben, die Eisenbahnen in den letzten Jahren einen Vorsprung gewonnen haben. Wie war aber die Geschäftsführung auf beiden Seiten?

Nachdem die ersten Eisenbahnen der Vereinigten Staaten, meist von den Regierungen der einzelnen Staaten gebaut, einen schmählichen Bankerott gemacht hatten — diese Staaten haben ausser Pennsylvanien, die Repudiation, ihren Gläubigern, gegenüber bis heute aufrecht erhalten — kamen die Eisenbahnen zu *billigem* Preise in fähigere Hände von Privatgesellschaften.

Aber auch hier folgten zahlreiche Bankerotte. Die heutigen Besitzer der Eisenbahnen haben alle, wie man annehmen kann, das stehende Kapital der Bahnen zu *äusserst billigen* Preisen erworben; sie sind dadurch in den Stand gesetzt worden, ihre Frachtpreise, der Konkurenz der Kanäle gegenüber, bedeutend herabzusetzen. Zwei Umstände spornten sie aber an, um jeden Preis sich den grossen Transport des Westens zu sichern; die Steigerung der Löhne durch die Strikes und die grosse Vermehrung ihres Bestandes an Wagenpark und Utensilien, die Erweiterung ihrer Netze und die Vergrösserung ihrer Bauten, zu denen sie der steigende Verkehr gezwungen hatte. Dazu kamen noch die durch die Schutzzölle hochgesteigerten Preise des Materials namentlich des Bessemer Stahls, die den Eisenbahnbau vertheuerten. Die Interessen dieses neuangelegten werbenden Kapitals mussten geschafft werden, wenn sie bei der gegenseitigen Konkurenz arbeiten wollten.

Sie haben sich gerade auf der Linie des Eriekanals den Verkehr mit grosser Energie gesichert. Die Eisenbahngesellschaften haben mit den Dampfschiffgesellschaften der grossen Seen einerseits und mit denen der atlantischen Dampfer andrerseits Kontrakte für die Massenfrachten, namentlich für das für den Londoner Markt bestimmte Getreide geschlossen; und durch grosse Vorrichtungen, die Elevatoren, die Umladung vom Schiff auf die Eisenbahn und von dieser auf das Schiff erleichtert. So kommen die Weizenladungen aus den Dampfschiffen der grossen Binnenseen direkt auf die Eisenbahnen Newyorks und von diesen direkt in Newyork auf die Seedampfschiffe. Die Frachtbedingungen wurden für die ganze grosse Route aufs Billigste gestellt, um die Konkurrenz des Eriekenals niederzudrücken. Es liegt ja gerade in der Gebundenheit der Eisenbahn, als Transportmittel, dass die Verwaltung grosser Linien am besten von einer Hand geleitet wird. Dadurch ist aber auch eine grössere einheitliche Speditionsunternehmung für grössere Strecken ermöglicht. Wie lagen aber die Geschäfts- und die Verwaltungs-Verhältnisse bei dem Eriekanal? Derselbe wurde vom Staat verwaltet. Wie er aber verwaltet wurde, das haben die Enthüllungen des Gouverneurs *Tilden* gelehrt Seit Jahren hat der *Eriering* durch schwer erkennbare Betrügereien in den Kontrakten den Kanal um Millionen bestohlen. Er war eine Beute der verworfensten Politiker geworden. Ein Konsortium in Albany, eben der sogenannte Eriering, beherrschte und plünderte die ganze Verwaltung. Die Spedition aber? Nun die einzelnen Frachtführer hatten weder die Intelligenz noch das Kapital, um die Spedition in so grossem Maassstabe zu organisiren, wie die Eisenbahngesellschaften und ihre Agenten es thaten; sie waren eben vereinzelt und machtlos. Dass aber von Seiten des Staates unter einer so korrupten Verwaltung, wie der vom Eriering beherrschten, nicht daran zu denken war, durch einheitliche Organisation des Frachtverkehrs und Erniedrigung des Tarifs der Konkurrenz der Eisenbahnen ein Paroli zu bieten, ist begreiflich.

Es ist aber, da immerhin die Eisenbahnen, gezwungen durch den niedrigen Tarif des Kanals, ihren Tarif bis ans Aeusserste herabgemindert haben, die Frage, wie lange sie das ertragen werden; sie haben vorläufig die Einnahme der Fracht; wenn sie später Bankerott machen müssen, werden die Direktionen und Verwalter schon weich fallen; die Aktionäre mögen sehen, wo sie bleiben. In keinem Falle hat man ein Recht, den Tag vor dem Abend zu loben, und diese gewaltsame Konkurrenz und die dadurch für die Kanäle entstandene ungünstige Frachtkonjunktur als normal, dauernd und entscheidend anzunehmen. Allein ein neuer Aufschwung des Verkehrs kann die Frachtpreise der Eisenbahnen wieder in die Höhe treiben und den Kanälen grössere Frachtmengen zuführen. In der That wird uns von kompetenter Seite folgende Mittheilung gemacht: »Die Neuzeit widerlegt Mosler vollständig. Die Getreideernte von 1877 ist glücklicherweise eine sehr grosse; und zu guten, lohnenden Preisen ist Europa der Abnehmer dafür; es mussten in grossartigem Maassstabe die Eisenbahnen in Anspruch genommen werden. Was thun die Eisenbahnverwaltungen? sie steigern den Tarif um 20 Prozent und mehr. Was würde aus dem Ackerbau und den Farmern werden, wenn sie nicht das grosse Kanalnetz hätten?« Es wird nach Alledem Jeder, der vorurtheilsfrei urtheilt, überzeugt sein, dass es sich bei dem geringeren Geschäft des Eriekanals in den letzteren Jahren nicht *um eine entscheidende Probe zwischen Kanal und Eisenbahn*, sondern um eine *zeitliche Frachtkonjunktur* handelt, deren Ursachen in den verschiedenen Verhältnissen der Geschäftsführung und der Verwaltung für den, der die amerikanischen Verhältnisse kennt, leicht aufzufinden sind.

Ganz abgesehen aber von den Schlüssen über den volkswirthschaftlichen Werth beider Verkehrsstrassen, welche man daraus zu ziehen berechtigt ist, finden wir in der Tabelle A der genannten Schrift Seite 25 eine interessante Illustration des Tarifkrieges zwischen Kanälen und Eisenbahnen gleicher Route von 1856 bis 1872, welche das Ringen, das sich Beugen und Erheben, die wellenförmige Bewegung des Wettkampfes in sprechenden Zahlen darstellt. Wenn dieses Bild parteilos betrachtet wird, ist es gewiss lehrreich. Für die unabhängige Wissenschaft des Volkshaushaltes liegt hier gar kein Grund vor, Partei zu nehmen. Denn welcher der Wettstreitenden auch den Vorsprung gewinnt, die Volkswirthschaft wird immer auf Seiten des Konsumenten stehen; und dieser gewinnt immer bei einer lebhaften Konkurrenz; denn deren Resultat für den Konsumenten ist: billiger Transport und damit Erleichterung des Verkehrs, Erweiterung des Marktes. Der Schreiber dieses kann am wenigsten in den Verdacht kommen, etwa Partei für die Kanäle zu nehmen; er war der erste, der in seinem Werke »die Eisenbahnen und das Gesetz der Bevölkerung« den Versuch gemacht hat, die gesetzlichen Wirkungen der Eisenbahn auf die Produktion, auf Volksvertheilung, Staaten und Städtebildung auf dem grossen Gebiete der Vereinigten Staaten darzustellen; es ist aber gerade in jenem Werke auch der gleich grossen aber anders gearteten Rolle gedacht geworden, welche die natürliche und die künstliche Wasserstrasse auf dem Terrain des öffentlichen Verkehrs zu spielen hat. In Ländern, wie in Frankreich, England und Holland, wo schon vor der Eisenbahnzeit ein wirksames ausgebildetes Kanalsystem geschaffen war, hat man nicht zu fürchten, dass es aufgegeben wird, weil seine besondere Frachtaufgabe erfahrungsgemäss erkannt worden. In den Vereinigten Staaten aber sowohl, wie in Deutschland, ist über der fieberhaften Eisenbahnunternehmung der Bau der Kanäle vernachlässigt worden. Nun der Eriekanal, schon vor der Eisenbahnzeit entstanden, und die pennsylvanischen Kanäle haben sich dort nicht nur erhalten, sondern sind auch wesentlich verbessert und erweitert worden, die Ohiokanäle sind vollständig ungenügend. Bei uns aber kann man von Kanälen, die dem modernen Verkehr genügen sollen, ernsthaft gar nicht sprechen. Es ist gerade deshalb zu fürchten, dass absichtliche Parteinahme gegen die Kanäle einem grossen vernachlässigten Bedürfniss des Massenverkehrs nachtheilig werde; vor allem wenn dies mit offiziellen Alluren, mit dem Schein statistischen Beweises geschieht. Ein Kunststück müssen wir hier sogleich verwerfen. Wenn man eine Wellenlinie, die die Bewegung des Handels, der Preise oder des Verkehrs in einer Reihe von Jahren bildet, plötzlich da, wo die Welle niedergeht, abbrechen und behaupten will, jetzt wird sie in dieser Richtung bleiben und sich nicht wieder heben, welcher Sinn und welche Berechtigung liegt in diesem Verfahren? Geschieht dies Abbrechen bei niedergehender Bewegung in der Gegenwart, so kann man eine solche Behauptung allerdings nicht exakt *widerlegen*; es ist aber die Frage, ob man das überhaupt nöthig hat, ob nicht vielmehr Derjenige, der eine so willkürliche Behauptung aufstellt, zuerst verpflichtet ist, sie zu *beweisen*.

Doch sehen wir uns die betreffende, dem Jahresbericht des ›Auditor of the Canal Departement of the State of New York for 1872‹ entnommenen Tabelle näher an:

Eisenbahnen und Kanäle.	Jahr.	Tonnen, verfrachtet auf 1 Meile engl.	Frachtkosten und Kanalabgaben in Dollar.	Das macht im Durchschnitt pro Tonne u. engl. Meile
Newyork-Zentral-Eisenbahn	1856	145,733,678	4,328,041.10	2.97 Cent
Newyork- & Erie-Eisenbahn	1856	183,458,046	4,545,782.00	2.48 „
Kanäle	1856	592,009,603	6,573,225.00	1.11 „
Zusammen		921,201,327	15,447,048.10	1.67 Cent
Newyork-Zentral-Eisenbahn	1857	145,773,791	4,559,276.00	3.13 Cent
Newyork & Erie-Eisenbahn	1857	167,100,850	4,097.610.00	2.45 „
Kanäle	1857	484,750,864	3,876,000.00	7.49 Mill
Zusammen		797,625,505	12,532,886.00	1 57 Cent
Newyork-Zentral-Eisenbahn	1858	142,691,178	3,700,270.44	2.59 Cent
Newyork- & Erie-Eisenbahn	1858	165,895,635	3,843,310.77	3.32 „
Kanäle	1858	564,842,095	4,502,437.00	7.97 Mill
Zusammen		873,428,908	12,046.018.21	1.38 Cent
Newyork-Zentral-Eisenbahn	1859	157,136,000	3,337,148.00	2.13 Cent
Newyork- & Erie-Eisenbahn	1859	147,127,039	3,195,869.00	2.17 „
Kanäle	1859	544,309.072	3,665,806.00	6.72 Mill
Zusammen		848,572,111	10,198,823.00	1.19 Cent
Newyork-Zentral-Eisenbahn	1860	199,231,392	4,095.934.00	2.06 Cent
Newyork- & Erie-Eisenbahn	1860	214,084,395	3,884,343.00	1.84 „
Kanäle	1860	809,524,596	8,049,450.00	9.94 Mill
Zusammen		1,222,840,383	16,029,727.00	1.31 Cent
Newyork-Zentral-Eisenbahn	1861	237,392,974	4,644,449.00	1.96 Cent
Newyork- & Erie-Eisenbahn	1861	251,350,127	4,351,464.00	1.73 „
Kanäle	1861	863,623,507	9,369,378.00	1.08 „
Zusammen		1,352,366,608	18,365,291.00	1.36 Cent
Newyork-Zentral-Eisenbahn	1862	296,963,492	6,607,331.00	2.22 Cent
Erie-Eisenbahn	1862	351,092,285	6,642,915.00	1.89 „
Kanäle	1862	1,123,548,430	10,780,431.00	9.59 Mill
Zusammen		1,771,604,207	24,030,677.00	1.36 Cent
Newyork-Zentral-Eisenbahn	1863	312,195,796	7,498,509.00	2.40 Cent
Erie-Eisenbahn	1863	403,670,861	8,432,234.00	2.09 „
Kanäle	1863	1,034,130,023	9,065,005.00	8.76 Mill
Zusammen		1,749,996,680	24,995,748.00	1.45 Cent
Newyork-Zentral-Eisenbahn	1864	314,081,410	8,542,370.00	2.75 Cent
Erie-Eisenbahn	1864	422,013,644	9,855,087.00	2.81 „
Kanäle	1864	871,335,150	10,039,609.00	1.15 „
Zusammen		1,607,430,204	28,437,066 00	1.77 Cent

Eisenbahnen und Kanäle.	Jahr.	Tonnen, verfrachtet auf 1 Meile engl.	Frachtkosten und Kanalabgaben in Dollar.	Das macht im Durchschnitt pro Tonne u. engl. Meile.
Newyork-Zentral-Eisenbahn	1865	264,993,626	8,776,028.00	3.31 Cent
Erie-Eisenbahn	1865	398,557,213	10.726 264.00	2.76 „
Kanäle	1865	843,915,779	8,605,961.00	1.10 „
Zusammen		1,497,466,618	28,108,253.00	1.85 Cent
Newyork-Zentral-Eisenbahn	1866	331,075,547	9,671,920.00	2.92 Cent
Erie-Eisenbahn	1866	478,485,772	11,611,023.00	2.45 „
Kanäle	1866	1,012,448,034	10,160,051.00	1.00 „
Zusammen		1,822,009,353	31,442,994.00	1.73 Cent
Newyork-Zentral-Eisenbahn	1867	362,180,606	9,151,750.00	2.53 Cent
Erie-Eisenbahn	1867	549,888,422	11,204,689.00	2.04 „
Kanäle	1867	958,362,953	8,663,119.00	0.90 „
Zusammen		1,870,431,931	29,019,558.00	1.55 Cent
Newyork-Zentral-Eisenbahn	1868	366,199,786	9,491,427.00	2.59 Cent
Erie-Eisenbahn	1868	595,699,225	11,425,739.00	1.92 „
Kanäle	1868	1,033,751,258	9,012,659.00	0.88 „
Zusammen		1,995,650,269	29,929,825.00	1.49 Cent
Newyork-Zentral-Eisenbahn	1869	474,419,726	10,457,582.00	2.20 Cent
Erie-Eisenbahn	1869	817,829,190	13,046,804.00	1.60 „
Kanäle	1869	919,153,611	8,492,131.00	0.92 „
Zusammen		2,211,402,527	31,996,517.00	1.57 Cent
Newyork-Zentral-Eisenbahn	1870	769,087,777	14,327,418.00	1.86 Cent
Erie-Eisenbahn	1870	898,862,718	12,328,027.00	1.37 „
Kanäle	1870	904,351,572	7,552,988.00	0.83 „
Zusammen		2,572,302,067	34,208,433.00	1.33 Cent
Newyork-Zentral-Eisenbahn	1871	888,327,865	14,647,580.00	1.65 Cent
Erie-Eisenbahn	1871	897,446,728	13,232,235.00	1.47 „
Kanäle	1871	1,050,104,125	10,779,887.00	1.02 „
Zusammen		2,835,878,718	38,659,702.00	1.36 Cent
Newyork-Zentral-Eisenbahn	1872	1,020,908,885	16,259,647.00	1.69 Cent
Erie-Eisenbahn	1872	950,708,902	14,509,745.00	1.52 „
Kanäle	1872	1,048,575,911	10,648,711.00	1.02 „
Zusammen		3,020,193,698	41,418,103.00	1.37 Cent

Betrachten wir in der Tarifbewegung dieser Tabelle, ohne auf die absoluten Zahlen Rücksicht zu nehmen, den Fortgang, so ist dieser ein höchst seltsamer. Der Tarif der Eisenbahnen erhält sich von 1856 bis 1858 inclus. auf der Höhe zwischen 2 und 3 Cents; da beginnt er zu sinken bis 1861 bis auf 1.96 u. 1.73. Ganz anders der Kanaltarif. Er beginnt 1856 mit 1.11 Cents und sinkt bis 1859 inclus. in der Zahlenreihe 1.11 — 0.74 — 0.79 — 0.67. Von hier an aber steigt er bis 1861 incl. 0.99 und 1.08. Halten wir an diesem Punkte inne, so treten sich hier Eisenbahn- und Kanaltarif so nahe, wie 1.84 (Durchschnitt von 1.96 und 1.73) und 1.08. Offenbar, da in den ersten drei Jahren der Eisenbahntarif eher eine steigende, als eine sinkende Tendenz zeigt, war die Konkurrenz der Kanäle keine leidende, sondern eine provozirende, sie hat vielmehr die Eisenbahn gezwungen, in den nächsten Jahren ihren Tarif zu erniedrigen, ist aber selbst nicht im Stande gewesen, ihren niedrigen Tarif aufrecht zu erhalten; und so haben sich beide Konkurrenten bis auf die Differenz von 0.76 Cents genähert. Von 1861 scheint die Eisenbahn die Niedrigkeit ihres Tarifs nicht ertragen zu können, sie geht bis 1865 von 1.96 u. 1.73 auf 2.22 u. 1.89, auf 2.40 u. 2.09, auf 2.75 u. 2.31 bis auf 3.31 u. 2.76, rund also bis auf 3 Cents herauf. Die Kanalfracht dagegen versucht noch einmal mit dem Tarif herabzugehen von 1.08 auf 0.95 und auf 0.87, muss aber doch wieder höher gehen, nahe zu auf den früheren Tarif von 1856 zurück mit 1.15 und 1.10. Man sieht die trotzende Kraft des Kanals war hier schon schwächer. Von 1865 bis 1871 an aber ringen beide Konkurrenten Fuss bei Fuss; sie drücken sich gegenseitig in ihren Tarifen nieder und kommen 1871 wieder auf ein ganz ähnliches Verhältniss wie 1861, nämlich Eisenbahnen: 1.65 u. 1.47 zum Kanal 1.02. Das folgende Jahr macht hier keinen grossen Unterschied; Eisenbahn 1.69 u. 1.52 zum Kanal 1.02, obwohl es bereits wieder eine steigende Tendenz bei der Eisenbahn, eine verharrende beim Kanal anzeigt.

Wenn wir uns nun fragen, abgesehen von allen anderen Faktoren, die bei diesem Wettstreit eine gebieterische Rolle gespielt haben, was sich in dieser Tarifbewegung als allgemeines Resultat ergiebt, so scheint es uns das zu sein, dass das Verhältniss von 1861 und 1872 das der äussersten Anspannung der Leistungsfähigkeit auf beiden Seiten ist, dass aber beide

Theile auf demselben nicht verharren können, wie wohl es der Kanal eher kann, als die Eisenbahn, da der erstere ja stets Versuche gemacht hat, noch niedriger zu gehen, es aber offenbar nicht aushalten konnte. Von der willkührlichen Annahme, dass die Jahre 1871 und 1872 nicht nur die normalen und bleibenden seien, sondern dass der Kanal in der Konkurrenz in Zukunft vollständig unterliegen werde, hätte Herrn Mosler allein der Blick auf die Tarifbewegung vor und nach 1861 bewahren können. Den Eisenbahnen ist Jahrzehnte hindurch Alles zugeflossen an Geldkapital, Landschenkungen, an Talent in der Erfindung, an technischem Geschick in der Ausführung, an organisatorischer Kraft in der Verwaltung, wie an grossartiger Speditionsunternehmung, was das Land für solche Verkehrsanstalten übrig hatte; wenn in richtiger Erkenntniss von der Nothwendigkeit der Kanäle für die Massenfrachtung und für heilsame Konkurrenz gegen die Eisenbahnen halb so viel für die Kanäle geschieht, so wird jene unfruchtbare, beide Theile ruinirende Konkurrenz bald aufhören, und beide grossen Verkehrswerkzeuge werden in richtiger Theilung der Transportarbeit ihr Geschäft gegenseitig fördern und erhöhen. Dies ist auch die ruhige und nüchterne Ansicht von amerikanischen Männern, die, unbeirrt von dem Geschrei der Eisenbahninteressenten, das Wohl der Gesammtheit im Auge haben

Es kann an dem grossartigen Erfolg, den der Eriekanal — und wir heben diesen gerade als den Hauptangriffspunkt des Herrn Mosler hervor — als grosse Verkehrsstrasse durch mehrere Dezennien hindurch gehabt hat, auch das statistische Material der neusten Zeit nichts abspenstig machen, das Herr Mosler in No. 49 des deutschen Handelsblattes herbeigeschleppt hat. Was kann das Alles Anderes beweisen, als dass der Verkehr seit 1873 auf den Newyorker Kanälen, wie eben in der ganzen Welt, abgenommen hat. Herr Mosler meint, »durch die allgemeine Geschäftskrisis, welche seit 1873 herrschte, lässt sich derselbe nicht einmal theilweise erklären, *wie* aus den nachfolgenden Notizen ersichtlich sein wird, welche dem Nimmoschen Buche entlehnt sind.« Und was besagen diese Notizen?

Eben weiter auch Nichts als dass die Frachtmenge auf dem Eriekanal und den übrigen Newyorker Kanälen zurückgegangen ist. Und das soll ein Beweis sein, dass die Krisis an dem geringeren Verkehr nicht Schuld sei? Seltsame Logik! Was sollen schliesslich, um auf die Finanzirung einzugehen, ein oder ein paar Hunderttausend Dollars Zuschuss in schlechten Zeiten für ein so grossartiges Unternehmen, wie der Eriekanal, bedeuten, der eine so grosse Geschichte seines Erfolges hinter sich hat? Dafür fehlt Herrn Mosler allerdings jeder wirthschaftliche Blick. Es ist ganz im Sinne unsrer Auffassung, die Leistungsfähigkeit einer solchen grossen Verkehrsstrasse nur nach grösseren Zeiträumen zu beurtheilen, wenn A. v. Studnitz die des Eriekanals nach Dekaden berechnet. Es ist dabei ganz irrelevant, welche Frachtmengen die Eisenbahnen während derselben Zeiten, wie die Kanäle, verführt haben und in Betreff der Streitfrage zwischen Eisenbahn und Kanal hätte sich Herr Mosler alle Mühe ersparen können, diese herbeizuführen — es handelt sich einfach um den eignen Fortschritt des Kanals auf seinem Gebiete und dieser ist glänzend genug:

In der ersten Dekade 1837 — 1846: 8,773,986 Tonnen — im jährlichen Durchschnitt. 877,398 Tonnen.

In der zweiten Dekade 1847 — 1856: 19,334,129 Tonnen — im jährlichen Durchschnitt. 1,933,412 Tonnen.

In der dritten Dekade 1857 — 1866: 23,956,785 Tonnen — im jährlichen Durchschnitt. 2,395,678 Tonnen.

In den 6 Jahren 1868 — 1872: 19,338,250 Tonnen — im jährlichen Durchschnitt. 3,223,208 Tonnen.

Die letzten 4 Jahre sind auch aus Herrn Mosler's neuesten Mittheilungen nicht zu ergänzen, da er hier die Frachten nicht nach Tonnen, sondern nach dem Werthe in Dollars angibt; es sind aber die ersten sechs Jahre schon entscheidend genug, wenn auch die beiden letzten Jahre die der Höhe der industriellen Krisis entsprechen, geringere Ziffern bringen mögen.

Der Eriekanal, ca. 78 deutsche Meilen lang, mit einer oberen Breite von 21 Metern, einer Sohlenbreite von 17 Metern und einer Tiefe von 2 Metern, von Albany am Hudsonflussse bis nach Buffalo am Eriesee gehend, mit seinen Zweigkanälen, dem Champlain-, dem Chenango-, dem Blackriver-, dem Oneida-, dem Oswego-, dem Cayuga- und Seneca- und dem Genessee Valley-Kanal und mit seinen zahlreichen Speisern, ist die grossartigste künstliche Wasserstrasse nicht blos der Vereinigten Staaten, sondern der Welt. Es lag nahe, dieser Verbindung der östlichen Meeresküste mit dem grossen nördlichen und westlichen Seegebiete die Verbindung mit der grössten natürlichen Wasserstrasse anzuschliessen, mit dem Mississippi. Dieses auf dem Gebiete der Staaten Ohio, Illinois und Indiana angelegte Kanalnetz, aus dem Ohio-, Miami-, Erie-, Wabash- und Illinois-Michigan-Kanal bestehend, also die Seen mit dem Ohioflussgebiet und dadurch mit dem Mississippistrom verbindend, war durch seine ungenügende Anlage von kaum $1^1/_4$ Meter Tiefe und 9.14 : 12.20 Meter Weite, wie selbst Herr Mosler anerkennen muss, von vornherein nicht lebensfähig und musste der Konkurrenz »des fast fieberhaft betriebenen Eisenbahnbaues« weichen. Es wurde von den Eisenbahngesellschaften angekauft und theilweise *zugeworfen* und verlassen. Bis zur Konsequenz dieser letzten Rohheit war dort die Konkurrenz den schlecht gebauten und darum ohnmächtigen Kanälen gegenüber gekommen. Zur Fruchtbarmachung der grossen westlichen Mineralschätze und Getreideproduktion der weiter westlich liegenden Staaten wäre gerade dies Kanalsystem, natürlich unter der Voraussetzung seiner Erweiterung und Verbesserung, die erste Lebensbedingung und eine dauernde Förderung gewesen.

Ein Gleiches lässt sich von dem grossartig geplanten, aber unvollendet gebliebenen und auch in seinem kleinen fertigen Theile ungenügenden *Chesapeake-Ohiokanal* sagen. Diese Verbindung des Ohio und des Mississippigebietes mit der grossen Chesapeakebai und dem atlantischen Ozean, mit der Berührung der grossen Industriestadt Pittsburg, der grossen Handelsstadt Baltimore, den Städten Washington, Alexandria und Norfolk und mit dem Anschluss an das Pennsylvanische Kanalsystem würde die kürzeste Linie zwischen den mittleren reichen Staaten des Westens »des Gartens der Vereinigten Staaten« und den reichsten Minen, Fabrik- und Handelszentren des Ostens und der Schifffahrt des atlantischen Ozeans bilden. Es lag diese Route als Idee schon dem Plane Washington's zu Grunde.

Bei dem jetzigen Zustande haben natürlich weder dieser rudimentäre Kanal, noch das Ohiokanalsystem einen Werth für unsere vorliegende Betrachtung; für die Frage der Brauchbarkeit der Kanäle können unvollendete und schlechtgebaute Kanäle Nichts entscheiden. Es bleibt also zunächst der Eriekanal und sein Frachtgeschäft als Vergleichungspunkt für deutsche Verhältnisse zu beurtheilen. Wir wollen hier von der Unvergleichbarkeit der amerikanischen Verhältnisse, der grossen geographischen Ausbreitung, der Vertheilung von Wasser und Land, von Land und Bevölkerung und anderer Momente, die wir nachher besprechen werden, mit deutschen Verhältnissen ganz absehen; einfach: ein Kanal von der Grösse und Länge des Eriekanals ist für Deutschland gar kein Objekt, das in Frage steht; jeder Vergleich ist also hier von vorneherein werthlos. Eine ganz andere Sache ist es mit dem *Pennsylvanischen Kanalsystem*. Soweit man hier überhaupt von Aehnlichkeit und Vergleichbarkeit sprechen kann, ist gerade das ganze Terrain, das gesammte Transport- und Handelsgebiet, das dieses umfasst, ein solches, das zur Vergleichung mit dem für Kanäle günstigem Terrain Deutschlands auffordert. Wenn Herr Mosler eigens zu dem Zweck solcher Vergleichung nach den Vereinigten Staaten geschickt worden ist, so ist es auffallend, dass er diese Vergleichungsgebiete nicht auf den ersten Blick erkannt hat, wenn wir auch der Wahrheit gemäss anerkennen, dass sonst sein Buch ein reiches und werthvolles Referat der Quellen ist, die ihm zu Gebote standen, und dass er nicht umhin konnte, den hohen Verkehrswerth des Pennsylvanischen Kanalsystems einzugestehen.

Behalten wir im Auge, dass das ganze betreffende Gebiet des pennsylvanischen Kanalsystems, das durch die Staaten Maryland, Pennsylvania und Newyork geht, von den Alleghanies südöstlich nach dem atlandischen Ozean zu sich abdacht, während die für Kanäle geeignete grosse norddeutsche Ebene von den schlesischen Gebirgen, dem Fichtelgebirge, dem Harze und dem Thüringer Walde nördlich nach dem norddeutschen Meere zu sich abdacht, so wären die etwaigen Vergleichungspunkte folgende:

Die Minengebiete im Westen von Pennsylvania — die Minengebiete Schlesiens, des Harzes, Thüringens und der Ruhr.

Die grossen Fabrikdistrikte Pennsylvanias mit Pittsburg als Zentrum — die grossen Fabrikdistrikte Westphalens und der Rheinlande, Dortmund, Elberfeld u. s. w.

Ein Landstrich von verschiedener Bodenqualität zwischen diesen Gebieten und dem Meere, darinnen das reiche Ackergebiet Pennsylvanias — die norddeutsche Ebene mit fruchtbaren Landstrichen an der Elbe und in der goldnen Aue.

Die Flüsse, südöstlich diese Ländereien nach dem Meere zu durchziehend, Potomac, Susquehanna, Schuylkill, Delaware, Hudson, mit Ausnahme des letzteren, nicht weit ins Land hinein schiffbar — die deutschen Flüsse nördlich nach dem Meere zu die norddeutsche Ebene durchziehend: Oder, Elbe, Weser, Rhein, mit Ausnahme des letzteren, nicht weit ins Land hinein von guter Schiffbarkeit.

An der Meeresküste des atlantischen Ozeans die grössten Handelsemporien des Landes Baltimore, Philadelphia, Newyork — an den norddeutschen Seeküsten grosse Handelsstädte Stettin, Danzig, Hamburg, Bremen. Wir wollen diese Vergleichungspunkte nicht weiter ausdehnen, da sie ja um so anfechtbarer werden, je weiter sie ausgeführt werden; es handelt sich — da ja zum Vergleich aufgefordert wurde — nur darum, welche amerikanischen Gebiete mit Kanalsystemen im Grossen und Ganzen annähernd die mit deutschen Oertlichkeiten und Verhältnissen vergleichbarsten sind. Und da scheint uns die Aehnlichkeit der Verhältnisse gross genug, um eine Prüfung der Erfolge und der Brauchbarkeit des pennsylvanischen Kanalsystems ins Auge zu fassen.

Betrachten wir das unvergleichliche Netz von Wasserstrassen, das durch das Pennsylvaniakanalsystem hergestellt wird, von

Norden nach Süden hin, so zeigen allein die Verbindungsorte den ungeheuren Werth desselben für den grossen Verkehr. Im Norden verbindet es den Hudson und dadurch Newyork mit dem reichen Wyoming Kohlenbecken durch den *Delaware und Hudsonkanal*, weiter unten Newyork mit dem Delaware durch den *Morris- und Essexkanal* und noch weiter südlich den Hafen von Newyork, speziell die Raritan Bay, mit dem Delaware-Divisionkanal. Hier beginnen die Glieder, welche Newyork mit Philadelphia in Binnenwasserverbindung versetzen, und zugleich eine Route nach den reichen Lehigh und Schuylkill Kohlenminen herstellen, der *Lehigh-* und der *Delaware-Divisionkanal*. Die Verbindung Philadelphias und der Delaware Bucht mit Baltimore und der Chesapeakebay wird dann an der Küste durch den kurzen *Chesapeake-Delawarekanal*, weiter innen durch den *Union-Schuylkill-* und *Susquehannakanal* erreicht; durch den *Pennsylvaniakanal* wird aber dies ganze Gebiet noch mit den Kohlenminen der Wyoming-, Lehigh- und Schuylkillbecken in Verbindung gesetzt. Nach Süden schliesst sich noch der *Chesapeakeohiokanal* an, der die Cumberland Kohlenwerke mit der Chesapeake Bay und dadurch mit Norfolk, Washington und Baltimore in Verbindung setzt. Die innere Wasserlinie der Küste wird aber durch den *Albemarle-Chesapeakekanal* bis nach der Küste von Nordkarolina fortgesetzt.

Da hier doch einmal von dem streitigen Werth der Kanäle die Rede ist, erscheint es uns nicht unwichtig, die richtige Erkenntniss der Amerikaner zu erwähnen, dass durch die ununterbrochene innere schiffbare Wasserlinie vom St. Lorenzstrom, den grossen Seen und dem Eriekanal durch das pennsylvanische Kanalsystem längs der Küste herab bis Nordkarolina für den Fall eines *Krieges*, für den Fall, dass es einem auswärtigen Feinde gelänge, die atlantischen Seehäfen zu blokiren, eine *strategische Verkehrsstrasse* für Massentransporte von hohem Werthe geschaffen ist.

Einen ähnlichen strategischen Dienst würde eine die deutschen Flüsse durchschneidende Kanallinie parallel mit den norddeutschen Meeresküsten leisten.

Ausser dem, was wir über den Werth des pennsylvanischen Kanalsystems für den Verkehr und dessen Unentbehrlichkeit, trotz der konkurrirenden Eisenbahnen, aus dem Bericht des »Select Committee on Transportation-Routes to Seabord« schon oben mitgetheilt, wollen wir noch Folgendes beifügen.

»Zwischen den Städten von Newyork und Philadelphia läuft eine Eisenbahn und eine innere Wasserstrasse, welche beide von der pennsylvanischen Eisenbahngesellschaft beherrscht und betrieben werden.

Die Philadelphia-Wilmington- und Washington-Eisenbahn und der Chesapeake- und Delawarekanal in Gemeinschaft mit dem Chesapeake- und Delawarefluss bilden konkurrirende Transportlinien zwischen den Städten Baltimore und Philadelphia, indem die zwei genannten Eisenbahnen sich von Newyork bis Baltimore erstrecken und äusserst günstig für billige Frachten gelegen sind. Sie haben nahezu für ihre ganze Länge doppelte Geleise, niedrige Steigungen, ein grosses gleichmässiges Geschäft und verbinden bedeutende Städte. Auch werden sie von praktischen Eisenbahnleuten von bemerkenswerther Geschicklichkeit und langer Erfahrung in ihrem Beruf verwaltet. Die Wasserlinien sind ebenso günstig gelegen. Sie bestehen aus Kanälen und natürlichen Wasserstrassen; die Kanäle haben grosse Dimensionen und nur eine geringe Schleusenzahl.

Das thatsächliche Resultat der Konkurrenz zwischen diesen unter sich wetteifernden Eisenbahnen und Wasserlinien (beide Arten von Wasserlinien sind kraft ihres Charters freie Handelsstrassen) zeigt sich in dem verhältnissmässigen Betrag der Fracht, die sie transportiren, wie folgt:

Frachtbewegung zwischen Newyork und Philadelphia während des Jahres 1872.

Auf der Eisenbahn . . . . . . 206,398 Tonnen
Auf der Wasserlinie . . . . . 1,258,732 »

Tonnenverkehr zwischen Philadelphia und Baltimore während des Jahres 1872.

Auf der Eisenbahn . . . . . . 838,568 Tonnen
Auf der Wasserlinie . . . . . 2,837,532 »

Diese Zahlen zeigen, dass 85 Prozent des Tonnenverkehrs zwischen Newyork und Philadelphia und 77 Proz. der Tonnenbewegung zwischen Philadelphia und Baltimore auf den Wasserlinien transportirt wurden.

Die Waaren, welche fast ausschliesslich zu Wasser transportirt wurden, waren Kohlen, Getreide, Mehl, Eisenerze, Roheisen, gefrischtes Eisen, Austern, Kalk und andere schwere Artikel. Materialwaaren, Tuchwaaren und allgemeine Handelswaaren wurden theils auf den Eisenbahnlinien, theils auf den Kanälen fortgeschafft. Während des Jahres 1872 wurde die ganze Tonnenfracht von dem, was die Frachtführer als Handelswaare kannten, im Betrage von 185,153 Tonnen zwischen Philadelphia und Baltimore zu Wasser übergeführt. Während die Eisenbahn es nicht versuchte, in dem Frachtgeschäft jener erwähnten gröberen Güter zu konkurriren, so konkurrirt sie in sehr scharfer Weise in der Fracht von »Handelswaare«. Es wurde daher schliesslich ein Kompromiss zwischen der Philadelphia-, Wilmington- und Baltimore-Eisenbahn und der Chesapeake- und Delaware-Kanalgesellschaft eingegangen, *dass die Eisenbahn alle Tarife für Handelswaare feststellen dürfe und dass die Kanalgesellschaft es zugestehe, zu denselben Frachtpreisen zu transportiren.«*

»*Diese Thatsache dient zur Beleuchtung der Tendenz aller Eisenbahnverwaltungen: Kombinationen zum Widerstand gegen das Prinzip der freien Konkurrenz zu bilden, was stets die Frachtpreise auf den freien Handelsstrassen bestimmt.*«

Für uns geht aus dieser Thatsache hervor, dass die pennsylvanischen Kanäle in der Konkurrenz mit den Eisenbahnen den Spiess umgedreht haben, und diese durch die Konkurrenz in den werthvolleren Gütern, also der für sie geeignetsten Fracht, in Gefahr gebracht haben. Gewiss ein deutliches Zeugniss, dass diese Kanäle nicht leidend sind und von der Konkurrenz der Eisenbahnen könnten verschlungen werden.

Ob jenes Kompromiss die rechte Art der Lösung des Konkurrenzkonfliktes war, ist eine andere Frage. Die Kanalgesellschaft konnte für die Fracht der Handelswaare nachgeben, vielleicht noch weiter, als sie es that; denn es ist nicht die für sie geeignete Fracht; sie musste sich aber dagegen Garantieen schaffen, die ihr den Transport der Massengüter sicherten. Konnte sie dies nicht erreichen, dann war es besser, den Folgen der Konkurrenz freien Lauf zu lassen; sie hätten dann zur Initiative des Angebots solcher Garantieen die Eisenbahn gezwungen. Je eher in einem Lande diese richtige Theilung der Transportarbeit, wenigstens im Grossen und Ganzen, erreicht wird, desto besser ist es nicht nur für den öffentlichen Verkehr, sondern auch für die beiden verschiedenen Verkehrsanstalten und ihren dauernden Bestand.

Ueber die zunehmenden Geschäfte und Erfolge der pennsylvanischen Kanäle liegen uns ältere Statistiken zur Hand, die wir theilweise früher veröffentlicht haben. Obwohl wir Urtheile über den Werth und die Brauchbarkeit so grosser Verkehrsanstalten nur auf dem Grunde sehr langer Zeiträume für gerechtfertigt halten, wollen wir doch nur auf die neueren Daten Rücksicht nehmen, die Herr Mosler selbst mittheilt.

Die jährliche Massenbewegung allein von Steinkohlen beträgt auf diesem Kanalsystem 400 bis 430 Millionen Centner und ist im Jahre 1873 bis auf 467$^{1}/_{2}$ Millionen gestiegen.

Die Kohlenfracht betrug auf dem Lehigh-Kanal:

im Jahre 1873	. . .	13,358,538	Centner,
» » 1874	. . .	14,384,254	»
» » 1875	. . .	13,022,384	»
die Gesammtfracht	. .	17,367,455	»

Die Kohlenverfrachtung auf dem Delaware-Raritan-Kanal betrug:

im Jahre 1845:	12,567	Tonnen =	255,361	Ctr.
» » 1849:	103,482	» =	2,102,754	»
» » 1850:	98,100	» =	1,993,392	»
» » 1855:	290,730	» =	5,907,634	»
» » 1860:	404,464	» =	8,218,708	»
» » 1865:	416,198	» =	8,456,960	»

im Jahre 1870: 309,843 Tonnen = 6,296,010 Ctr.
» » 1871: 315,610 » = 6,413,195 »
» » 1872: 341,983 » = 6,949,095 »
» » 1873: 301,214 » = 6,120,668 »
» » 1874: 267,605 » = 5,437,734 »

Ueber das Geschäft des Schuylkill-Kanals lesen wir in Mosler's Schrift folgende seltsame Darstellung:

»Vormals im Besitz der Schuylkill-Kanal-Company ist auch diese Wasserstrasse seit dem Jahre 1872 *an die Philadelphia-Reading-Eisenbahn-Gesellschaft* übergegangen, welche zugleich die bedeutendsten Anthrazit-Bergwerke im südlichen Kohlenbecken, sowie grosse Eisenhütten und Maschinenbau-Anstalten bei Reading und ausgedehnte Werftanlagen bei Port Richmond am Delaware, oberhalb Philadelphia besitzt. Letztere dienen zur direkten Verladung der nach Newyork, Boston und anderen Küstenstädten bestimmten Kohlen aus den Eisenbahnwagen in die Seeschiffe und fassen nicht weniger als 2 Millionen Centner. Die Kohlenbeförderung der Gesellschaft beläuft sich im Jahre auf 122 Millionen Centner.«

Dann heisst es weiter:

»Der Verkehr auf dem Kanal ist allmälig unbedeutend geworden. *Sein baulicher Zustand ist in Folge ungenügender Unterhaltung ziemlich herabgekommen.* Im Jahre 1875 betrug die Gesammtfrachtmenge 17,777,673 Ctr. darunter 14,930,026 Ctr. Anthrazit, 1,186,761 Ctr. Kalk und Kalkstein, 773,370 Ctr. Eisensteine. Im Vorjahre betrug die verfrachtete Kohlenmenge 14,631,457 Ctr. Dem gegenüber steht die flankirende Philadelphia und Reading-Eisenbahn pro 1875 mit einem Transportquantum von nicht weniger als 111,870,825 Ctr. Anthrazit. Nach dem Jahresbericht der Gesellschaft wird der durch den Kanalbetrieb verursachte Nettoverlust einschliesslich *Pachtzins*

für 1875 zu 540,579 Mark.
» 1874 » 932,786 »

angegeben.«

Wer soll diese Schwärmerei nüchterner amerikanischer

Geschäftsleute verstehen, eine halbe bis eine ganze Million Mark jährlich wegzuwerfen blos für das Privatvergnügen, auch einen Kanal zu besitzen?

Die richtige Darstellung der Verhältnisse vorausgesetzt, kann nur angenommen werden, dass das Interesse der Philadelphia-Reading-Eisenbahngesellschaft an den Einnahmen der Eisenbahnen grösser ist, als an ihrem Besitzantheil an den Kohlenwerken; dass dieser wahrscheinlich nur zum Zweck der Eisenbahneinnahme erworben wurde, dass zu demselben Zwecke, um eine Konkurrenz los zu werden, der Schuylkillkanal gepachtet wurde.

Wie wirksam aber diese Kanalkonkurrenz, wie wichtig für das Interesse des öffentlichen Verkehrs dieselbe aber sein muss, geht deutlich aus der Grösse des Opfers von nahezu einer Million Mark hervor, welches jene Eisenbahn bringt, um sie zu beseitigen. Die Macht dieser Konkurrenz haben wir schon oben für die Route zwischen Philadelphia und Baltimore kennen gelernt. Ein ähnliches Opfer bringt dieselbe Eisenbahngesellschaft beim Susquehannakanal, den sie zu demselben Zwecke, seine Konkurrenz todt zu machen, gepachtet hat, nämlich 1874 161,019 D. = 692,382 Mark und 1875 172,270 Doll. = 740,761 M. Die Summe, welche diese Eisenbahngesellschaft an Kanälen, die sie trotzdem weiter in Besitz hält, verliert, *bezeichnet den Betrag, um den auf diesen Routen das Interesse des öffentlichen Verkehrs betrogen wird, das diesen Verlust und einen Gewinn noch dazu in der Eisenbahnfracht tragen muss, und. ist zugleich ein lautes Zeugniss für die volkswirthschaftliche Nothwendigkeit, die Kanäle als Verkehrsstrassen zu erhalten und zu vervielfältigen.* Bei dem 72½ Meilen langen Pennsylvaniakanal, der 1875 nur noch 14,183,509 Ctr. Fracht aufzuweisen hat, einem Kanal, der die Flussgebiete des Ohio, des Delaware, des Alleghany und anderer Flüsse, die Eisen-, Kohlen- und Fabrikdistrikte Pittsburgs und den Ohios mit dem Osten verband, hat die Eisenbahnkonkurrenz ihr zerstörendes Werk schon gethan, ehe er vollendet und erweitert wurde. »Die ganze westliche Abtheilung wurde vielmehr durch die wachsende Eisenbahnkonkurrenz derartig bedrängt, dass diese Kanalstrecken entweder von selbst in Verfall geriethen, oder von den Eisenbahnen billig angekauft werden konnten. Letztere legten dann, wie zwischen Pittsburg und Johnstown, *ihre Schienen über das verschüttete Kanalbett.«*

Verständiger und nicht in so roher Weise vorausgegangene Kulturarbeit zerstörend, ist die Eddyville-Eisenbahnverwaltung verfahren, indem sie den in gleicher Route mit ihrer Bahn laufenden Delaware- und Hudson-Kanal erwarb und mit tausend eignen Booten selbst ausnützt. Die Gesammtfrachtmenge des Kanals betrug im Jahre 1875 32,773,398 Centner darunter 29,063,888 Centner Anthrazit. Der Kanalbetrieb lieferte eine Jahresdividende von 5 Prozent.

Herr Mosler meint, dies sei nur »angeblich« und wohl nur »ein rechnungsmässiges Ergebniss.«

Was soll das heissen? Welchen vernünftigen Grund könnte die Eisenbahngesellschaft haben, sich vom Kanal mehr Profit blos herauszurechnen? Hat doch die Pennsylvania Reading-Bahn ruhig ihre Opfer und Verluste veröffentlicht? Was ist denn dann an andern Aufstellungen angeblich oder wirklich? Auffallender konnte Herr Mosler seine befangene Einseitigkeit nicht verrathen. Er hat diese nur noch dadurch überboten, dass er die neuen grossen Kanalbauten, die Frankreich unternehmen will, als das Werk korrumpirter Ingenieure hinstellt.

Jedem, der die Sache unparteiisch prüft, wird es klar werden, dass das Pennsylvanische Kanalsystem für den ganzen Küstenstrich von Newyork bis Baltimore und für die Minen und Fabrikdistrikte des westlichen Pennsylvanien und des östlichen Ohio eine grosse Verkehrsanstalt von hohem und dauerndem Werthe ist, die selbst durch die raffinirteste und fieberhafteste Eisenbahnkonkurrenz nicht unterdrückt werden konnte und von dieser daher in Dienst genommen werden musste. Der Nachtheil für das öffentliche Wohl würde hervortreten, wenn die Eisenbahnen die Konkurrenz der Kanäle beseitigt hätten.

Für deutsche Verhältnisse sind also die Geschäftsergebnisse der pennsylvanischen Kanäle — wenn man überhaupt hier vergleichen will — von ermuthigender Bedeutung. Die Verhältnisse im Grossen und Ganzen liegen aber in Deutschland für Kanäle noch weit günstiger.

Dass aber die Konkurrenz der Eisenbahnen trotz aller Anstrengungen das Kanalsystem von Pennsylvania nicht zu beseitigen vermochte, zeigten die oben von uns mitgetheilten zwischen Newyork, Philadelphia und Baltimore laufenden Frachtmengen, die 1872 per *Wasser 85* und *77 Proz.*, per *Eisenbahn* nur *15* und *33 Proz.* der Gesammtmenge des ganzen Verkehrs betrugen.

Da der Kanalverkehr stets auf Bewegung grosser Gütermassen rechnen muss, so ist für die Lebensfähigkeit eines Kanals die *Dichtigkeit der Bevölkerung* die erste und wichtigste Bedingung; sie besteht und erhält sich ja auch nur durch eine höhere Stufe wirthschaftlicher Entwicklung, also auf einer Stufe, wo ein grosser Frachtverkehr der Bevölkerung Bedürfniss ist. Betrachten wir die verschiedene Bevölkerungsdichtigkeit der Vereinigten Staaten von Amerika und der deutschen Staaten, so ist es für unsern Zweck nicht nothwendig, die einzelnen Staaten mit einander zu vergleichen; der grösste Kanal, der Eriekanal, geht durch alle Grade volksreicher und volksarmer Gegenden. Für die Gesammtbevölkerung beider Staatenbunde ist aber das Verhältniss sehr leicht zu bestimmen, da der eine Faktor, nämlich die Bevölkerungszahl nahezu der gleiche ist.

Der Flächeninhalt der Vereinigten Staaten beträgt: 170,000 deutsche Quadratmeilen, der des deutschen Reiches 9,887 Quadratmeilen; die Bevölkerung beider Länder ist fast gleich gross nämlich 42 Millionen; das Verhältniss der Bevölkerungsdichtigkeit Deutschlands zu den Vereinigten Staaten also ca. wie 17 : 1, d. h. auf einem Raume, wo in den letzteren 1 Mensch lebt, leben deren in Deutschland 17.

Es ist also ausser Frage, dass in Betreff der günstigen Aussichten für den Kanalverkehr, so weit dieser aus der Bevölkerungsdichtigkeit resultirt, Deutschland um das Siebzehnfache vortheilhafter gestellt ist, als die Vereinigten Staaten.

Weitere Faktoren, die hier bei der Vergleichung beider

Länder in Betrachtung kommen sind 1) in wie weit ist das Frachtbedürfniss durch die vorhandenen natürlichen Wasserstrassen und Eisenbahnen bereits gedeckt und 2) wie stehen die Kosten der Anlage beider Verkehrswerkzeuge zu einander?

Es ergeben sich hier merkwürdige Verhältnisse, die aber alle auf die Nothwendigkeit des Baues von Kanälen und der Kanalisirung der vorhandenen natürlichen Wasserstrassen für Deutschland hinweisen.

1. Der grosse Umfang und die grosse Ausdehnung der in den Vereinigten Staaten schon vorhandenen natürlichen Wasserstrassen, Verhältnisse, mit denen sich die entsprechenden in Deutschland, ihrer Kleinheit wegen, gar nicht vergleichen lassen, Fazilitäten des Verkehrs, die aber in beiden Ländern für eine gleiche Zahl der Bevölkerung nämlich 42 Millionen vorhanden sind.

2. Das nördliche Seegebiet der Vereinigten Staaten beträgt allein bei einer Wassertiefe von 76 bis 274 Meter 4,131 Quadratmeilen und zwar:

>   der Superiorsee 1461 deutsche Quadratmeilen
>   » Michigansee 1004 » »
>   » Huronsee 936 » »
>   » Eriesee 442 » »
>   » Ontariosee 288 » »
>   Zusammen 4131 deutsche Quadratmeilen.

Mit dem Eriesee und dem Hudsonflusse zusammen bildet der Eriekanal eine ununterbrochene Wasserstrasse von 306 deutschen Meilen von Chicago bis Newyork.

Eine noch grössere Linie wird durch den Wellandkanal mit Umgehung der Niagarafälle zwischen dem St. Lorenzstrom und dem Erie- und Ohiosee und damit dem ganzen nördlichen Seegebiete hergestellt, eine ununterbrochene Schifffahrtslinie von 545 deutschen Meilen Länge, die vom Seehafen Duluth am äussersten westlichen Ende des Superiorsees bis zur Küste von Labrador geht.

Gleich grosse Verhältnisse zeigt der *Mississippistrom*, der Riese unter den Strömen; er allein hat eine Schifffahrtslinie von 650 deutschen Meilen; von seinen Nebenströmen hat der

Ohio 292, der Missouri 680, der Arkansas 400. Was die Schifffahrt auf dem Mississippi besonders hindert, sind drei Uebelstände, die grossen Krümmungen, die sogenannten »Snakes,« nämlich die zahlreichen aus den Wäldern des Nordwestens kommenden im Strome herabgetriebenen Baumstämme, die sich mit der Zeit senken, im Flussboden festrammen und dann schief emporragend die Schiffe gefährden, und endlich die verschlammte und versandete Mündung. Um die Umwege durch jene maschenähnlichen Krümmungen des Stromes abzukürzen, hat man an einzelnen Stellen schon Durchstiche gemacht und gedenkt diese zu vermehren. Gegen die »Snakes« hat man eigens eingerichtete Dampfboote ausgerüstet, um sie aus dem Grunde herauszuziehen. Dem oft mehrere Tage langen Aufenthalt der Schiffe an der Mündung soll durch einen Kanal, den Fort St. Philippskanal begegnet werden, der das Mississippi-Delta durchschneidet und mit Umgehung jener Untiefen direkt in den atlantischen Ozean mündet.

In einem unbewachten Augenblicke lässt sich Herr Mosler hier zu folgender gesunden Bemerkung verleiten:

»Gelingt die Kanalisirung dieses Deltas, so steht auch zu erwarten, dass die nunmehr auf dem Gebiet von Nicaragua mit Benutzung des Rio San Juan projektirte Kanalverbindung des atlantischen mit dem Stillen Ozean, mit welcher sich die Unionsregierung jetzt eifriger als je beschäftigt, zur Ausführung kommen und im Verein hiermit der Verkehr im Golf von Mexiko neu belebt werden wird. Es würden alsdann die mächtigen Kohlen- und Eisenstein-Ablagerungen in den Südstaaten, namentlich in Alabama und Tennessee zu einem schwunghaften Abbau gebracht werden können und somit ein wirthschaftliches Aufblühen des Südens die Folge sein.«

Warum, fragen wir Herrn Mosler, müssen es denn hier *Kanäle* sein, warum thun es denn nicht *Eisenbahnen*, wie eine solche auf jener Landenge bereits besteht und den stillen Ozean mit dem Atlantischen in Verkehrsverbindung setzt? — Die Antwort ist eben die, dass Eisenbahnen hier ebensowenig die grossen ungehobenen Minenschätze des Westens aufschliessen würden, wie es bisher die im Mississippithal und die von diesem aus über die Alleghanies laufenden Eisenbahnen gethan haben.

Auch an andern Stellen kann er nicht umhin, die grossen wirthschaftlichen Vortheile der Wasserstrassen für Fruchtbarmachung von montanen Schätzen anzuerkennen. So theilt er mit, dass von dem Superiorsee nach dem Süden jährlich 20—21 Millionen Zollctr. Eisensteine verschifft werden, dass ein Kanal durch die Landzunge von Keweenaw im Superior-See gehend, die jährliche Verschiffung von 325,000 Zollctr. Erze aus den dortigen Kupferlagern vermittelt.

Das wird Jedem auch aus dieser kurzen Darstellung der natürlichen Wasserstrassen der Vereinigten Staaten und ihrer Ausdehnung einleuchten, dass man damit die natürlichen Wasserstrassen Deutschlands und die paar vorhandenen unbedeutenden Kanäle ernsthaft gar nicht vergleichen darf.

Wie steht es nun aber mit dem Bestand der Eisenbahnen in Vergleich zu der fast gleichen Bevölkerung von 42 Millionen in beiden Ländern.

Für diese Frage bietet die Tabelle von *Stürmer*[*]) einen interessanten Vergleich:

	Vereinigte Staaten.	Deutsches Reich.
Eisenbahnlänge Ende 1876, Kilometer	123,314	29,175
Auf je 100 ☐ Kilom. kommen Eisenbahn-Kilom.	1.32	5.39
Auf je 10,000 Einwohner kommen Eisenb.-Kilom.	28.1	6.82
Anlagekosten pro Kilometer, Mark	156,812	249,066
Auf je 10 Kilometer, Zahl der Lokomotiven	1.37	3.7
" " Personenwagen	1.25	6.5
" " Lastwagen	33.7	75.5
Zugkilometer pro Kilometer Bahn	5,382	7,581
" " Lokomotive	35,261	19,884
Tägliche Zugfrequenz	14.7	20.8
Spezifische Frequenz in Personen-Kilometer	80,474	243,369
Jede Person durchfuhr Kilometer	40.6	30.3
Einnahme pro Personen-Kilometer, Markpfennig	7.0	3.57
Spezifische Güterfrequenz, Tonnen-Kilometer	323,965	401,301
Jede Tonne durchfuhr Kilometer	160	84.95
Einnahme pro Tonnen-Kilometer, Markpfennig	4.2	4.78
Brutto-Einnahme pro Bahn-Kilometer, Mark	17,525	32,523
Davon aus dem Personenverkehr, Prozent	27.6	27.67
Betriebs-Ausgabe pro Kilometer, Mark	11,062	20.763
" " in Prozent der Einnahme	63.1	63.84
Ueberschuss pro Kilometer, Mark	6,463	11,760
" in Prozent der Anlagekosten	4.12	4.7

[*]) Nordamerikanische Eisenbahnen im Jahre 1876 von Dr. *Stürmer*. Deutsche Eisenbahnzeitung, No. 15, 19. Februar 1877.

Wir sehen aus dieser Tabelle, wie bedeutend die Meilenzahl der amerikanischen Eisenbahnen die der deutschen übersteigt, wie viel mehr Eisenbahnkilometer in den Vereinigten Staaten auf 10,000 Einwohner kommen, als in Deutschland bei der fast gleichen Bevölkerung von 42 Millionen. Wenn man dagegen die grössere Ausdehnung des amerikanischen Landes anführen wollte, so kommt diese für den zu befriedigenden Verkehr weniger in Betracht, als die Zahl der Bevölkerung. Dies zeigt sich thatsächlich darin: 1) dass der Lokomotivenbestand und der Waggonpark in Deutschland viel grösser ist, 2) dass Deutschland eine grössere spezifische Güterfrequenz per Tonnenkilometer hat. Es ist also klar, dass die Befriedigung des Frachtbedürfnisses des Landes durch die Eisenbahnen in den Vereinigten Staaten im Vergleich mit Deutschland mehr wie ausreichend ist. Rechnen wir noch dazu das Maass derselben Befriedigung durch die natürlichen Wasserstrassen, so ist es offenbar, dass von der vorhandenen Gesammtfracht des Landes für die Kanäle kein so grosses Quantum übrig bleiben konnte, wie man ihrer günstigen Lage und ihren Verbindungspunkten nach hätte erwarten sollen. Nun könnte man freilich einwenden: Wenn unsere Ansicht, dass die Eisenbahnfracht unter gleichen Bedingungen nie so billig werden kann wie die Kanalfracht, richtig ist, so musste die Folge sein, dass die amerikanischen Kanäle von dem gesammten Frachtverkehr des Landes den Eisenbahnen einen grösseren Theil entzogen, als sie wirklich gethan haben.

Nun sehe man aber auf der obigen Tabelle wie billig die Anlagekosten der Eisenbahnen in den Vereinigten Staaten in Vergleich zu Deutschland zu stehen kommen, so dass dieselben die deutschen fast um das Doppelte übersteigen.

Nehmen wir diese Verhältnisse zusammen in Betracht, die grosse Meilenzahl in Bereitschaft für den Verkehr und im Verhältniss zur Bevölkerung, die geringe Ausnützung des Betriebsmaterials und die billigen Anlagekosten und halten wir sie gegenüber der Thatsache, die wir nachfolgend anführen wollen, dass umgekehrt die Anlagekosten der Kanäle dort sehr hoch sind, so findet die Erscheinung der mächtigen Konkurrenz der Eisenbahnen gegenüber den Kanälen ihre wirthschaftliche Erklärung, aber wohl verstanden *als wesentliche Eigenthümlichkeit der Vereinigten Staaten von Amerika.*

Herr Mosler hat dies wohl herausgefühlt, obwohl er es für die Aufgabe, die ihm gestellt worden zu sein scheint, nicht zu verwerthen verstanden hat; denn er sagt ganz richtig — eine Erscheinung die Jedem auffällt, der häufig auf amerikanischen und auf deutschen Eisenbahnen gereist ist —:

»Bei Betrachtung der obigen Durchschnittsergebnisse fällt zunächst der ausserordentliche Umfang des nordamerikanischen Eisenbahnnetzes mit Rücksicht auf die Bevölkerung, sodann die intensive Abnutzung des *rollenden* Betriebsmaterials auf. Wie weit die Letztere geht, möge man u. A. daraus entnehmen, dass die mit dem Doppelten ihres Eigengewichts von 50 Ctr. beladenen Kohlenwagen auf der 20 deutsche Meilen langen Strecke der mehrgedachten Philadelphia-Reading-Eisenbahn ihren Weg von Pottsville bis Philadelphia und wieder zurück *regelmässig* in 3 Tagen durchlaufen, wobei die Beförderung des Nachts und das Ein- und Abladen der Kohle am Tage erfolgt. Die mehr als 200 deutsche Meilen lange Strecke von New-York bis St. Louis durchfuhr man im vorigen Sommer versuchsweise mit einer und derselben Lokomotive. Bemerkt zu werden verdient hierbei, dass die nordamerikanischen Lokomotiven weit stärker als die unsrigen gebaut sind und nicht unter einem Dampfüberdruck von 120 Pfund betrieben werden.

Im Zusammenhang mit einer solchen Ausnutzung des Betriebsmaterials steht der geringe Betrag der im Uebrigen durch einfache Einrichtungen, durch Terrainverhältnisse, Beamtenersparniss, raschen Waaren- und Geldumsatz begünstigten Betriebskosten. Diesem Ausgabebetrag steht ein geringer Durchschnittsbetrag von Betriebseinnahmen gegenüber. Durch billige Anlagekosten und durch das Zurücktreten des Personenverkehrs, im Vergleich zu einem sich auf sehr weiten Strecken bewegenden

Güterverkehr, wird gleichwohl ein finanzielles Ergebniss erzielt, welches, dem prozentualen Ueberschuss nach, dem unsrigen nicht viel nachsteht, aber mit Bezug auf den nordamerikanischen Geldwerth und Zinsfuss *sehr mässig* erscheint. Hieraus lässt sich ein Schluss ziehen, wie genügsam der nordamerikanische Eisenbahnbetrieb ist, und wie er im Wesentlichen dem Dienste der Industrie, welche er zum Theil auch entweder direkt oder indirekt selbst unterhält und betreibt, angehört.«

Nun, wir wollen im volkswirthschaftlichen wie im sozialen Interesse nicht wünschen, dass auf deutschen Eisenbahnen die reisenden Personen von den Kollis und Tonnen der Industrie noch mehr verdrängt werden, als es ohnedies geschieht; für solchen Amerikanismus bedanken wir uns. Es ist vielmehr den Eisenbahnen durch Abnahme von Massentransport seitens der Kanäle Gelegenheit zu geben, dem Personenverkehr grössere Sorgfalt angedeihen zu lassen.

Betrachten wir nun im Gegensatz zu den Eisenbahnen die Anlagekosten der Kanäle in beiden Ländern:

Der Bau des Eriekanals kostet per deutsche Meile Mark 2,400,000 (Mosler).

Der Bau des projektirten Rhein-Weserkanals kostet per deutsche Meile Mark 1,110,000 (Michaelis).

Der Bau des projektirten Elb-Spreekanals kostet per deutsche Meile Mark 1,134,000 (Röder).

Es stellt sich hiernach heraus, dass umgekehrt, wie bei den Eisenbahnen, der Bau von Kanälen in den Vereinigten Staaten weit höher zu stehen kommt, als in Deutschland, wie aus den genauen und gewissenhaften Berechnungen der Ingenieure H. Michaelis und Röder im Vergleich zur Angabe der amerikanischen Kosten der Kanäle ersichtlich ist.

Aus allen diesen Betrachtungen glauben wir zu folgenden Schlüssen berechtigt zu sein.

1. Durch die zahlreichen und grossen natürlichen Wasserstrassen und die grosse Meilenzahl der Eisenbahnen in den Vereinigten Staaten ist dort das Frachtbedürfniss des vorhandenen Gesammtverkehrs in so bedeutendem

Maasse gedeckt, dass die Kanäle nur durch sehr niedrige Fracht dagegen ankämpfen können. Im Vergleich mit den entsprechenden deutschen Verhältnissen bei der gleichen Bevölkerungszahl von 42 Millionen zeigt sich für Deutschland noch ein grosses Feld für Transport von Massenfrachten auf Kanälen und sind die amerikanischen Erfolge der Kanäle von keinem Gewicht für den Vergleich.

2. In den Vereinigten Staaten ist der Bau von Eisenbahnen billiger, der Bau von Kanälen theurer, als in Deutschland. Es versprechen also auch diese Faktoren, die Anlagekosten, eine weit günstigere Aussicht für die Rentabilität von deutschen Kanälen.

Zu allem diesem muss man hinzurechnen, dass in den Vereinigten Staaten, der *Betrieb* auf den Kanälen auf einer sehr *niedrigen* Stufe steht. Auf dem Eriekanal gehen heute noch die alten Pferdeboote. Tauerei, namentlich mit Dampfkraft, wie heute schon auf unseren Flüssen, wird dort nur auf kleinen kurzen Kanälen, welche Meeresbuchten verbinden, wie dem Delaware-Raritankanal angetroffen. In Deutschland würde dies beim Bau von Kanälen die erste Sorge sein.

Für die allgemeinere letzte Gedankenfolge aber, welche im Hintergrunde der Moslerschen Schrift und seiner journalistischen Auslassungen liegt, als ob die amerikanischen Erfahrungen zu den Resultaten führten, dass mit der Ausbildung des Eisenbahnwesens die Kanäle als grosse Verkehrsstrassen überflüssig seien, also für die Existenzfrage zwischen Eisenbahn und Kanal, als durch den Sieg in der Konkurrenz angeblich für die Eisenbahn entschieden, verweigern wir kraft unserer oben angeführten Gründe die Anerkennung nicht blos in ihrer Anwendung auf Deutschland und andere Länder, sondern auch auf die Vereinigten Staaten von Amerika und in ihrer Allgemeinheit.

Wenn die Eisenbahngesellschaften in den Vereinigten Staaten, weil sie einerseits durch die Bankerotte der früheren Besitzer die ganzen Inventarbestände der Eisenbahnen billig erhalten und so den Frachtverkehr leichter an sich reissen konnten, anderseits mit dem grösseren Verkehr ihre Utensilien und ihr werbendes Kapital vergrössern mussten, und, um dies wieder zu verwerthen, durch zentralisirte Verwaltungen und geschickte Agenten den grossen Transportverkehr auf den Binnensee'n und auf dem Meere mit ihren Linien verbunden und die Frachten vorweggenommen haben, während die Kanäle theils unter korrupter Staatsverwaltung, theils aus Mangel eines geschickten und zentralisirten Speditionsbetriebs in Nachtheil gekommen sind: so ist dies keine *Leistungsprobe* zwischen *Eisenbahn* und *Kanal,* sondern zwischen *Transportführung, Betrieb* und *Speditionsgeschäft* auf der einen und der anderen Seite *unter bestimmten Verhältnissen eines einzelnen Landes.*

Von einem entscheidenden Sieg der Konkurrenz der einen Verkehrsstrasse über die andere könnte überhaupt nur die Rede sein, wenn die eine — Eisenbahn oder Kanal — das gesammte Verkehrsbedürfniss in geeigneter Weise zu befriedigen im Stande wäre. Dies ist seitens der Eisenbahn selbst in den Vereinigten Staaten zweifelhaft, trotzdem die Meilenzahl im Verhältniss zur Bevölkerung ausserordentlich gross ist, da ja die Bevölkerung und mit ihr der Verkehr und neue Ansiedlungen wachsen; in *Deutschland* aber, *wo der vorhandene Eisenbahnbestand in guten Zeiten nicht einmal den vorhandenen Transport bewältigen kann,* ist daran gar nicht zu denken; *es erscheinen hier Kanäle vielmehr als dringendes Bedürfniss.*

Zudem sind die territorialen Bedingungen in Deutschland für Kanäle nicht ungünstig. Die Lage der deutschen Ströme ist eine solche, dass ihre Verbindung keine grossen Entfernungen in sich schliesst und keine hohen Wasserscheiden zu überwinden hat. Die Uebelstände der deutschen Flüsse anderseits, dass sie im ganzen Laufe ihres Fahrwassers selten eine Tiefe von 5 bis 6 Fuss behalten, dass ihre Hochwasser, ausgenommen auf dem Rhein, der von den Alpen gespeist wird, nicht lange andauern und meist mit Eisgang zusammenfallen, dass sie eine regelmässige Fahrt meist nur auf den unteren dem Meere zugehenden Strecken gestatten, weiter hinauf aber der Schifffahrt viele Schwierigkeiten und oft nur einige Monate gutes Fahrwasser gewähren, dass sie endlich wegen der gefährlichen Ueberschwemmungen, die sie verursachen, einer gründlichen Regulirung und Kanalisirung ohnedies bedürfen, alle diese natürlichen Uebelstände fordern gebieterisch dazu auf, Kanäle zu bauen, um die guten Wasserstrecken für die Schifffahrt zu verbinden, und die Strecken, weiter die Flüsse hinauf, durch Kanalisirung möglichst nutzbar für dieselbe zu machen.

»Gutgebaute Kanäle sind *unbestritten das radikale Heilmittel* für die vorhandenen Uebelstände, denn die Kanalisirung vermag ihrem Wesen nach mit wenig Wasser dauernd gleichmässige Wasserstände von hinreichender Tiefe zu schaffen; ein Kanal hebt den durch das Gefälle bedingten Abfluss fast ganz auf, sein Wasserverlust durch Verdunstung, Durchsickerung u. dgl. beträgt kaum 2 Kubikfuss für Meile und Sekunde und im Uebrigen bedarf jedes passirende Kanalschiff vom Scheitelpunkt des Kanals bis zu seiner Ausmündung höchstens 24,000 Kubikfuss Schleusenwasser. Dies sind Ansprüche, denen in Deutschland bei der sommerlichen Regenmenge von etwa 8.6 Zoll, obwohl davon zwei Drittel verdunsten, selbst sehr kleine Gewässer zu genügen vermögen. Es kann in der That jeder der gedachten (grösseren) Ströme bis nahe an seine Quellen durch Kanalisirung zur Schiffbarkeit umgeschaffen werden, und es giebt genügende Punkte, über welche sich auch in den süddeutschen Gebirgen die kanalisirten Ströme zu zusammenhängenden Kanalsystemen, ähnlich den französischen, verbinden lassen würden.*)

Wir haben schon oben nach *Michaelis'* Berechnung aus den Elementen der Fracht gesehen, dass in Deutschland die Kanäle im Stande sind, mit einem Tarif von $^1/_8$ Pfennig per Centner und Meile eine zu ihrer Erhaltung hinreichende Rente zu ergeben. Zur weiteren Bestätigung liegen aber Berechnungen

---

*) Topographische Erwägungen über den Bau von Kanälen in Deutschland von Dr. *August Meitzen*. Berlin 1870. Wiegandt & Hempel.

von *Michaelis* für den projektirten Rhein-Weserkanal und vom Baurath *Röder* für den Elb-Weserkanal vor, welche eine Rentabilität nach diesem Tarif nachweisen. Dr. *Meitzen* kommt, auf diese gestützt, zu dem Schlusse: »Rechnet man Schiff und Zugkraft, also *die gesammten Transportselbstkosten* zusammen, so betragen sie für Fahrzeuge von 7000 Ctr. 0.288 Pf., für Fahrzeuge von 400 Ctr. Tragfähigkeit 0.368 Pf. für Centner und Meile.«

»Es bleiben deshalb, wenn die Transportkosten, einschliesslich der Kanalgebühren ¹/₂ Pf. für Centner und Meile nicht übersteigen sollen, in dem ersten Falle nur 0.222 Pf., im letzten sogar nur 0.142 Pf. übrig, welche als *Kanalgebühr*, also als Ersatz für Verzinsung, Unterhaltung und Verwaltung der Anlage auf Centner und Meile auferlegt werden dürfen.«

»Wenn also die Kosten der Anlage bekannt sind, lässt sich die erforderliche Frequenz, welche dieselben deckt, leicht berechnen. Die Verhältnisszahlen sind etwa folgendermaassen zu übersehen:

Es erfordert ein Kanal-Gebührentarif für Centner u. Meile von	Wenn der Kanal auf die Meile seines Laufes durchschnittlich kostet an Anlagekosten bei 5 Proz. Verzinsung und 1¹/₄ Proz. Unterhaltung und Verwaltung		
	300,000 Thlr.	200,000 Thlr.	150,000 Thlr.
0.150 Pf.	45,000,000 Ctr.	30,000,000 Ctr.	22,500,000 Ctr.
0.200 „	33,750,000 „	22,500,000 „	16,875,000 „
6.250 „	27,000,000 „	18,000,000 „	13,500,000 „

Auf die einzelnen geplanten Kanäle angewendet, hat man berechnet dass der *Berlin-Hamburger* Kanal zur Sicherung der Rentabilität 27,000,000 Ctr. Fracht erfordert. Diese Fracht ist der siebente Theil des gegenwärtigen Berliner Schiffsverkehrs und der halbe Theil der Hamburger Einfuhr. Ein Schifffahrtskanal von Hamburg bis Berlin würde 80 bis 100 Millionen Ctr. nöthig haben.

Die erforderliche Fracht für den *Elb-Spreekanal* ist auf 32,000,000 Centner berechnet worden. Für den Verkehr dieser

Linie kann man aber jetzt schon 40,000,000 Ctr. als sicher annehmen.

Für den *Rhein-Elbekanal* hat man die erforderliche Fracht auf 27,000,000 Ctr. geschätzt. Es dürfte diese Fracht allein durch die Produktion des Ruhrkohlengebietes gesichert sein.

Wir würden auf diese Daten nicht so viel Gewicht legen, wenn sie nicht von so äusserst gewissenhaften und kompetenten Ingenieuren berechnet worden wären. Zur Vergleichung wollen wir anführen, dass die höchste Fracht, welche der Eriekanal geführt hat, die vom Jahre 1862 war, nämlich 59,275,350 Ctr.; man sieht auch hier im Verglich mit obigen deutschen Frachtquanten, dass es bei der Grösse der Fracht für den Verkehr nicht auf die Grösse des Landes, sondern auf die der Bevölkerungszahl ankommt.

Ueber die Aussichten der Kohlenfrachten, welche in Deutschland durch Kanäle eröffnet würden sagt Dr. *Meitzen*:

»*Der Kohlenbedarf für die nach der Nord- und Ostsee auslaufenden Dampfer* wird gegenwärtig noch fast ganz durch die englische Kohle bestritten. Dieselbe stellt sich in Hamburg oder Lübeck der Centner auf 11$^1/_2$ Sgr. und ist an Qualität der Gelsenkirchner besten Ruhrkohle gleich. Der Centner Gelsenkirchner Kohle kostet am Ort 4$^1/_2$ Sgr., die Eisenbahnfracht bis Hamburg oder Lübeck nach dem Pfennigtarif, mit dem Zuschlag von 1 Sgr. Achsengeld, zusammen 7 Sgr. Der Preis beider Kohlen ist also gleich, und die englische muss durch ihre gleichbleibende Qualität und alte Herrschaft auf dem Markte die Binnenländische Kohle nothwendig auf ein Minimum beschränken. Während sie aber voraussichtlich durch den steigenden Bedarf theurer werden wird, könnte der Centner Ruhrkohle bei Kanalfracht von $^1/_2$ Pf. um 4 Sgr. billiger, also selbst Gelsenkirchner mit 7$^1/_2$ Sgr. in Hamburg oder Lübeck abgegeben werden; dann würde nicht allein mit Gelsenkirchener Kohle die englische Kohle aus der Ostsee und einem grossen Theile des Hamburger Bedarfes verdrängt werden, sondern die Seedampfer würden sich auch bei so viel bedeutenderer Billigkeit sehr bald auf den

Verbrauch der geringeren binnenländischen Kohlen einrichten. Jedenfalls aber würde der Handel mit binnenländischen Kohlen für den Gebrauch stehender Maschinen und Lokomotiven Gegenstand des Seeverkehrs über die gesammte Ostsee werden, sobald es gelänge, einen unserer Seeplätze mit schlesischer Kohle von so erheblich niedrigen Preisen zu erreichen, dass sie mehr als die durchschnittlich geringere Qualität auszugleichen vermöchten.«

Wenn wir nun die Schlüsse in kurzer Fassung zusammenstellen, die wir aus den obigen Betrachtungen zu ziehen berechtigt zu sein glauben, so werden diese so lauten:

1. Nach der Natur der beiden Verkehrswerkzeuge Eisenbahn und Kanal und den Elementen ihrer Fracht wird die Eisenbahn niemals die Billigkeit des Transportes für Massenfrachten erreichen können, wie der Kanal.
2. Trotz der fieberhaft gesteigerten Unternehmung im Bau von Eisenbahnen in den Vereinigten Staaten von Amerika während der letzten zehn Jahre und der mächtigen Konkurrenz, welche sie den dortigen Kanälen gemacht hat, sind diese in ihren wichtigsten Linien doch erfolgreich geblieben und die einsichtigsten Industriellen und Staatsmänner jenes Landes sind so weit entfernt, sie für überflüssig zu halten, dass sie vielmehr mit der Verbesserung ihrer Anlagen und dem Bau neuer Linien lebhaft beschäftigt sind.
3. Selbst der Fall einer den Kanälen gegenüber siegreichen Konkurrenz der Eisenbahnen in den Vereinigten Staaten würde keinerlei Anwendung auf deutsche Verhältnisse finden können: 1) Da bei gleicher Bevölkerung von 42 Millionen die Vereinigten Staaten eine bedeutend höhere Meilenzahl an Eisenbahnen besitzen. 2) Da die natürlichen Wasserstrassen der Vereinigten Staaten ausserordentlich grösser und ausgedehnter, als in Deutschland sind. 3) Da der Bau der Eisenbahnen dort billiger, der der Kanäle aber theurer zu stehen kommt, als in Deutschland. 4) Da die grössere Bevölkerungsdichtig-

keit Deutschlands ein weit grösseres Frachtgeschäft für die Kanäle erwarten lässt, wie in den Vereinigten Staaten für die dortigen Kanäle.

4. Da nach den topographischen Verhältnissen unseres Handels, unserer Minen und unserer Industrie und nach den Berechnungen kompetenter Ingenieure für Kanäle im Allgemeinen, wie für besondere Linien sich mit einer an Sicherheit angrenzenden Wahrscheinlichkeit für die wichtigsten, unsere grossen Ströme verbindenden Kanallinien eine hinreichende Rentabilität erwarten lässt.

Es ist von andrer Seite eingewendet worden: auch unsere Eisenbahnen seien im Stande — *wenn* sie ihr *Anlagekapital amortisirt* und folglich nicht mehr zu verzinsen hätten — nach der Berechnung kompetenter Techniker zu 0.80 Pfennige per Meile und Centner zu transportiren; man könnnte also sagen: es sei besser, mit dem Gelde, das die Kanäle kosten, die Eisenbahnen in den Stand zu setzen, diesen Tarif von 0.80 Pf. per Meile und Centner zur Wahrheit zu machen.

Darauf ist zu erwidern, dass die Kanäle unter solchen Bedingungen für c. 0.30 Pfennige transportiren könnten, dass sie aber auch *ohne* diese Bedingungen mit Gewinn einen Tarif von weniger als 0.80, nämlich von 0.50 Pfennigen festhalten können. Während die ausgerechnete mögliche Leistungsfähigkeit der Eisenbahnen, zu 0.80 Pf. zu transportiren, auf die günstigsten Bedingungen hin berechnet ist, so kann man den $^1/_2$ Pfennigtarif der Kanäle als Maximum ansehen; bei einigermaassen günstigen Bedingungen, hinreichender Grösse und Ausdehnung und geringer Schleusenzahl können sie meist bei niedrigerem Tarif gewinnreich betrieben werden. Weiter aber spricht gegen einen solchen Vorschlag: 1) die Nothwendigkeit, den Eisenbahnen gegenüber eine konkurrirende Verkehrsstrasse zu besitzen, da diese schon ihrer gebundenen Linie wegen mehr oder minder ein Monopol sind, während auf der Wasserstrasse die freie Konkurrenz der Spedition herrscht; 2) eine Zahl natürlicher wirthschaftlicher Vortheile, welche die Eisenbahn nie erfüllen kann.

Man kann wohl die Rentabilität deutscher Kanäle bezweifeln, da die vorhandenen kleinen und ungenügenden Kanäle keinen Maasstab abgeben; wir haben aber doch für die wichtigen geplanten Linien von zuverlässigen Bautechnikern so gute Wahrscheinlichkeitsberechnungen, dass es den Gegnern dieser Annahme schwer sein dürfte, das Gegentheil zu beweisen. Wenn man es aber für praktisch hält, die Rentabilität der Kanäle nicht einmal zu betonen, um nicht die Eisenbahnen zu Gegnern derselben zu machen, so glauben wir eine so bodenlose Thorheit von den Eisenbahninteressenten kaum erwarten zu dürfen; denn 1) können die in Deutschland vorhandenen Eisenbahnen bei einigermaassen gutem Geschäftsstande die Frachten gar nicht bewältigen; 2) schaffen die Kanäle durch billige Herbeischaffung von Rohprodukten eine Steigerung der Fabrikation und damit eine Steigerung werthvoller Frachten für die Eisenbahnen.

Wenn wir aber von der Rentabilität der Kanäle gänzlich absehen, so sprechen für das Bedürfniss von Kanälen eine Menge wirthschaftlicher Vortheile von höchster Bedeutung für alle Zweige des Verkehrs, für den Ackerbau, wie für die Industrie der Städte.

Ausser dem von uns schon angeführten wollen wir noch einiges unserer Betrachtung unterziehen.

1. Das Frachtgeschäft der Eisenbahnen und damit die günstige Lage für die Befrachter, die Kaufleute und die Fabrikanten, ist an die Station gebunden; es wird sich am zahlreichsten ansammeln auf den Stationen der grossen Städte, der grossen Fabrikorte; ja es werden sich, wie die Schaale um den Kern, um solche Stationen ganze Fabrikstadttheile bilden. Beim Kanal ist in seinem ganzen Verlaufe der Ort der Verfrachtung gleichgültig; eine Fabrik, ein Waarenhaus kann an jedem Punkte seiner Linie die Waaren löschen oder laden. Thatsächlich haben sich auch in Ländern, wo Kanäle schon lange bestehen, zahlreiche Fabriken und Waarenläger längs ihrem Laufe, wie Perlen an der Schnur, angereiht; es war für die Etablissements mit der freien Wahl des Ortes die Billigkeit des Grund und Bodens

gegeben. Ein solches Verhältniss ist für den Volkshaushalt in so fern günstig, als die Bewohner der Städte von der ungesunden unmittelbaren Nachbarschaft der Fabriken befreit, die Fabrikanten befähigt werden, weil sie weniger für Grund und Boden zu bezahlen haben, billiger zu produziren und durch Beschaffung billiger und gesunder Wohnungen für ihre Arbeiter sich dauernde gute Stämme gelernter Arbeiter zu erhalten, und — last not least — als es in grosser Ausdehnung dem Ackerbau Gelegenheit bietet, billige Rohprodukte, wie Dünger, Bausteine, Holz u. dgl. zu beziehen und seine Rohprodukte billig zu verfrachten, d. h. in Verbindung mit dem grossen Verkehrsstrom zu treten und den Markt seiner Produktion zu erweitern.

2. In mehreren Gegenden Deutschlands können die Kanäle aufs Vortheilhafteste zur Melioration des Landes benützt werden und zwar in zweierlei Richtungen. In der einen Gegend sind grosse Sumpfstrecken und Torflager; hier kann durch eine Drainirung, die zugleich die Kanäle speist, fruchtbares Land statt des unfruchtbaren Sumpfes gewonnen, können grosse Torfstrecken nutzbar ausgebeutet werden, die jetzt den Transport per Achse nicht ertragen; in der andern sind ausgedehnte Sand- und Haideflächen; hier kann ein Kanal zu methodischer Berieselung benutzt und so an seinen Ufern fruchtbares Ackerland geschaffen werden. Wo die Terrainverhältnisse günstig sind, kann man für diesen Zweck und zugleich, um die Ueberschwemmungen der Flüsse abzuleiten, grosse Wasserreservoirs anlegen.

3. Die ungeheueren Verluste an Nationalvermögen, die aus den periodisch wiederkehrenden Ueberschwemmungen unserer Flüsse entspringen, fordern doch gebieterisch eine wirksame Regulirung derselben. Dies kann aber am besten und produktivesten durch Kanalisirung unserer Flüsse so weit wie möglich zu ihren Quellen hinauf und durch die Verbindung derselben durch Kanäle erreicht werden. Dadurch werden nicht nur die Kosten der ohnehin nothwendigen Regulirungen der Ströme wieder eingebracht, sondern es wird zugleich für die Schifffahrt eine

grosses und kostbares Netz von Verkehrsstrassen gewonnen. Dieses Netz würde Verbindungen von Holland und der Nordsee und der Ostsee und den Baltischen Provinzen bis zum Schwarzen Meere herstellen. Im Südwesten könnte der Rhein durch das Neckarthal mit der Donau, im Südosten die Oder durch das Bekzwa- und Marchthal mit der Donau und Wien; im Norden könnten der Rhein, die Weser, die Elbe, die Oder und die Weichsel durch eine die norddeutsche Ebene kreuzende ununterbrochene Wasserlinie verbunden werden. Nahe einander liegend, würden diese Wasserstrassen die grössten Handelsemporien, die ausgedehntesten Fabrikdistrikte, die fruchtbarsten Ackerbaugegenden, die reichsten Montanbezirke berühren und durchschneiden. An die Stelle der ungeheueren Verluste der Ueberschwemmungen würden die reichsten Früchte eines grossartigen Verkehrslebens treten.

4. Die Erfahrung zeigt uns, dass jeder stärkere und rascher steigende Verkehr den Hauptvortheil der Eisenbahnen, die Schnelligkeit des Transportes aufhebt, dass sich die Transporte auf den Stationen aufstauen und liegen bleiben, kurz dass die Eisenbahn der elastischen Ausdehnung des Verkehrs nicht gerecht werden kann. Dies ist ganz anders bei den Kanälen. Der Eriekanal hat im Jahre 1862 59,275,350 Centner Fracht dem Meere zugeführt. Die Leistungsfähigkeit des Kanals ist bis auf 16 Millionen Tonnen oder 325,120,000 Centner gesteigert worden. In »Annual Massage of the Governor of the State of Newyork 1875« heisst es, dass die theoretische Transportfähigkeit des Kanals das *Drei-* bis *Vierfache* von dem betrage, *was bisher jemals darauf transportirt worden ist* und kein Zweifel sei, dass er bequem und leicht dem doppelten Verkehr genügen könne, welcher bisher jemals stattgefunden habe.«

In dieser Bestätigung der Leistungsfähigkeit einer der grössten Kanalwerke der Welt liegt für uns ein schwerwiegender Grund für die Nothwendigkeit, ausser den Eisenbahnen Kanäle zu besitzen. Gesetzt die Eisenbahnen würden so ausgestattet, dass sie dem gesammten vorhandenen Frachtbedürfniss des Landes genügen könnten. Wie aber, wenn mit dem Aufblühen eines oder mehrerer Industriezweige die Frachtmenge sich rasch, vielleicht ums Doppelte erhöht, wenn die Frachtbewegung wie es zu Zeiten in jedem Lande vorkommt, plötzlich anschwillt? Solchen Eventualitäten gegenüber erweist sich die Eisenbahn völlig machtlos, Befriedigung zu gewähren. Jede wesentliche Vergrösserung der rollenden Frachtmenge, auf welche die Eisenbahn nicht eingerichtet ist, erfordert eine kostspielige und zeitraubende Anschaffung von Utensilien, Einrichtung, Neubauten u. s. w. Es wäre in der kurzen Zeit, welche das drängende und grössere Transportbedürfniss fordert, für die Eisenbahn nicht möglich, und würde, wenn es möglich wäre, finanziell ruinirend für dieselbe sein, für die augenblicklich anschwellenden Transportmassen die nöthige Vermehrung von Lokomotiven, Wagenparks, neuen Rangirungen, neuen Bahnlinien u. s. w. herzustellen. Ein Kanal dagegen mit seiner elastischen Leistungsfähigkeit würde einer raschen Vergrösserung oder plötzlichen Anschwellung des Transports leicht und ohne besondere Kosten genügen können.

Wir glauben in den vorhergehenden Betrachtungen so erschöpfend wie möglich gezeigt zu haben, dass, wenn es überhaupt irrationell ist, die Leistungen grosser Verkehrswerkzeuge in zwei Ländern, welche in allen ihren Lebensbedingungen grundverschieden sind, blos ihrem Erfolge oder gar nur einem zeitigen Erfolge nach zu vergleichen, die Schlussfolgerungen und Anwendungen, welche in der Mosler'schen Schrift aus ihrer Darstellung amerikanischer Eisenbahn- und Kanalverhältnisse auf Deutschland oder auf die Nützlichkeit von Kanälen überhaupt gemacht werden, nicht von dem Geiste der Befähigung und Gewissenhaftigkeit volkswirthschaftlicher Untersuchung getragen worden sind. Jedes Werk des grossen Verkehrs wird aus den eigenthümlichen Wurzeln des Landes genährt und diese muss man kennen und aufsuchen, um es zu beurtheilen; mit blossen statistischen Zahlengruppen ist es da nicht gethan, namentlich nicht, wenn diese als Resultate der Konjunktur weniger Jahre die schwachen Strohhalmstützen für schwerwiegende generelle Folgerungen bilden sollen, die natürlich wie Seifenblasen zerplatzen, sobald man die Verkehrsbewegung in längeren Zeitläufen verfolgt und ihren Wellengang zu begreifen sucht.

Eine Sorge ist uns aber noch übrig geblieben. Die preussische Regierung, näher das Handelsministerium, hat den Auftrag zu den Untersuchungen des Herrn Mosler gegeben. *Wie verhält sich die Regierung zu dessen Ansichten?* Hat sie dieselben zu den ihrigen gemacht oder nicht? Wie es scheint *nicht*. Die Auslassungen des Handelsministers in der 34. Sitzung des Abgeordnetenhauses lauten in Beziehung auf diesen Punkt nach dem stenographischen Bericht folgendermaassen:

»Meine Herren, nun sagt der Vorredner, es sei überhaupt unthunlich, in grösserem Umfange Meliorationsbahnen auszuführen. Ja darüber kann man freilich streiten, aber wenn zu derselben Zeit aus der Mitte des Hauses, aus der Mitte der ganzen Bevölkerung an die Regierung permanent das Ansinnen gelangt, *neue Kanäle* in grösserem Umfange zu bauen, dann frage ich, wie ist die eine Auffassung mit dem anderen Verlangen verträglich? Denn damit wird der Herr Vorredner doch einverstanden sein, dass, wenn wir Kanäle bauen wollen, wir im *Allgemeinen nicht auf Ertrag* zu rechnen haben. Ich werde wahrscheinlich noch in diesen Tagen an die Mitglieder des Hauses eine Schrift vertheilen lassen, aus der beispielsweise hervorgeht, dass für eine Kanalverbindung des Mittelpunktes der Monarchie mit dem Westen ein Kostenbetrag von annähernd 210 bis 220 Millionen Mark erforderlich ist. Ich verspreche mir von einer derartigen Kanalanlage jedenfalls keine erheblichen Erträge, trotzdem werde ich als Handelsminister täglich angegriffen, weil ich nicht schon längst in dieser Richtung vorgegangen sei, weil ich nicht schon längst solche kolossale Mittel in Bewegung gesetzt hätte, um Kanäle zu bauen. Die ganze Kanalfrage ist meiner Meinung nach beseitigt, sobald das Haus die Ansicht hat, dass derartige Anlagen sich aus ihren Erträgen ernähren sollen, dass sie nicht in den indirekten Vortheilen, indem sie die Steuerkraft des Landes, die Wohlhabenheit der Bevölkerung heben, ihre Berechtigung finden. Will man stets auf den Erwerb zurückkommen, so wird man einen grossen Theil der Verkehrswege der Zukunft aufgeben müssen, dann müssen wir unser Programm gänzlich ändern und werden nicht fortschreiten.«

Es geht aus dieser Erklärung des Handelsministers zweierlei hervor; einmal, dass die Regierung bereit ist, Vorlagen für den Bau von Kanälen zu machen, zunächst für einen solchen der den Mittelpunkt der Monarchie mit dem Westen verbindet — und dann, dass die Regierung nicht an die Rentabilität der deutschen Kanäle glaubt. Wir können ihr das Letztere gerne erlassen, wenn das Erstere geschieht. Unserer Ansicht nach, die ja so wenig, wie die der Regierung eine technische ist, sondern nur auf die Berechnungen kompetenter Techniker sich gründet, ist die Rentabilität richtig angelegter und gut gebauter deutscher Kanäle unzweifelhaft, wenn man dieselbe nur nicht für die ersten fünf bis zehn Jahre erwarten will. Denn es ist die allgemeine Erfahrung aller Länder, dass Kanäle erst nach einer Reihe von Jahren rentiren. Deshalb eignen sie sich auch nicht gut zu einer privaten kapitalistischen Anlage; deshalb sind in den Vereinigten Staaten die fünf und sechs prozentigen Bonds der Kanäle immer gleich aus dem Baufonds verzinst worden. Den Nachweis der Rentabiliät — abgesehen von der Zeit ihres Eintritts — halten wir für private, wie für staatliche Unternehmungen des öffentlichen Verkehrs für nothwendig, wenn derselbe in unserem Falle auch nicht exakt, da die homogenen Beispiele fehlen, sondern nur nach einer rationellen Wahrscheinlichkeitsrechnung geführt werden kann. Denn eine Unternehmung für Werke des öffentlichen Verkehrs muss sich rentiren, wenn sie einem wirklichen öffentlichen Bedürfniss entspricht. Die Rentabilität ist die Probe des wirklichen Bedürfnisses. Diese scheint uns aber für wichtige geplante Linien in Deutschland durch unsere Techniker so hinreichend erbracht, dass die Regierung solche Werke ruhig ausführen kann, wenn sie von der Rentabilität auch erst durch die Erfolge der Zukunft überzeugt werden wird. Um nur ein Beispiel anzuführen, dass sich volkswirthschaftliche Vortheile der Kanäle in der Folge auch in Zahlen der

Rentabilität ausdrücken, so werden die Vortheile, dass Frabrikanlagen von den Städten entfernt an der Linie der Kanäle entstehen, den Kanaleinnahmen auch eine grössere Menge von Werftgeldern zuführen, ein Posten, der, wie wir sehen, fast bei allen Rentabilitätsberechnungen ganz ausser Acht gelassen worden ist.

Noch kurz vor Beendigung des Drucks ist uns durch die Güte eines Abgeordneten das Werk zugegangen, welches der Handelsminister in Aussicht gestellt hat: »*Denkschrift betreffend die im preussischen Staate vorhandenen Wasserstrassen, deren Verbesserung und Vermehrung*, nebst einer Karte dieser Wasserstrassen. Berlin, Ende 1877. Druck des Berliner Lithographischen Instituts.«

Gleich die ersten Worte dieser Denkschrift rücken uns von dem Terrain der Fragestellung hinweg, das zu betreten, die Mosler'sche Schrift uns gezwungen hat. Von einer Verurtheilung der Kanalanlagen, von einem Ausschluss derselben, als grosser Handelsverkehrsstrassen, durch die Eisenbahnen ist keine Rede. Im Gegentheil, als Zweck wird die Lösung der Frage an die Spitze gestellt:

»Ob und in welchem Umfange es angezeigt erscheine, die vorhandenen natürlichen und künstlichen Wasserstrassen des preussischen Staates erforderlichen Falls im Anschluss an diejenigen der Nachbarländer durch neue Schifffahrtswege zu vermehren, beziehungsweise abzukürzen, oder auf einen höheren Grad von Leistungsfähigkeit zu bringen?«

Der Verfasser macht mit Recht die Bauwürdigkeit der einzelnen Wasserstrassen weder von der absoluten Grösse der Bau- und Unterhaltungskosten, noch von der des vorhandenen Verkehrs abhängig, sondern wesentlich von dem Verhältniss dieser Kosten zu dem Verkehr, zu dem Ausgleichungsprozesse zwischen der Konsumtion und der Produktion der betreffenden Gebiete, wie er voraussichtlich durch eine solche Wasserstrasse hervorgerufen und in Bewegung gesetzt wird. Es ist dies dasselbe Prinzip, was ich schon früher und zuerst in meinem Werke über »die Eisenbahnen und das Gesetz der Bevölkerung« als das maassgebende Prinzip ausgesprochen habe, dessen Tragweite in der Praxis aber leider durch eine gedankenlose Spekulation übertrieben worden ist.

Auch die Leistungsfähigkeit der Wasserstrassen ist dem Verfasser nicht eine rein technische Frage, sondern ebenso sehr eine volkswirthschaftliche, die von der Masse und der Beschaffenheit der bewegten Fracht, der Organisation der Frachtführung, der Gelegenheit zu Rückfrachten, der Konkurrenz der Eisenbahnen und von dem vorhandenen Bedürfnisse, neue Gebiete der Konsumtion und Produktion aufzuschliessen, abhängig ist. Die ausschliessende Frage, »*ob Eisenbahn oder Kanal*,« tritt hier allein als eine *technische* auf, nämlich als Untersuchung, »ob im gegebenen Falle gerade eine *Wasserstrasse* im Gegensatze zu einer Eisenbahn, und zwar zu einer Hauptbahn oder zu einer Sekundärbahn (Güterbahn mit geringer Fahrgeschwindigkeit) das richtige Mittel sei, dem Verkehrsbedürfnisse zu genügen.«

Wer über die Physiologie der vaterländischen Ströme, wesentlich über ihre Funktionen für die Schifffahrt, von ihren Quellen bis zu ihrer Mündung ins Meer, eine anschauliche Belehrung gewinnen will, kann es in kurzer Zeit nicht besser, als an der Hand des Verfassers. Ausser der volksthümlichen Klarheit des Textes unterstützt dabei die mitgegebene Karte. Die Ströme, Seen und Meere treten darauf durch ihre blaue Farbe klar und übersichtlich in ihren Verzweigungen und Lagen hervor; ebenso die vorhandenen und projektirten Kanäle durch braune resp. rothe Farbe.

Der Parallelismus unserer norddeutschen Ströme, die ja mit Ausnahme der Donau die hauptsächlichsten Ströme von ganz Deutschland sind, nämlich ihre nord-nordwestliche Richtung nach dem Meere zu, wird hier auch noch im Einzelnen beleuchtet durch die seltsame gleiche Eigenthümlichkeit der Weser, der Oder und der Weichsel, kurz vor ihrer Mündung ins Meer plötzlich in nordöstlicher Richtung umzubiegen. Der Verfasser theilt die Strecken, ihrer relativen Schiffbarkeit nach, meist in drei durch ihre Leistungsfähigkeit bedingte Theile; und hier zeigt sich im Einzelnen, was wir schon im Allgemeinen hervorgehoben haben, dass sie, mit Ausnahme des Rheins, für die grössere Schifffahrt meist erst im dritten, also dem der Mündung ins Meer nächsten Theile tauglich sind.

Die Geschichte ihrer früheren Verbesserungen, wie die Beschreibung der im Gange befindlichen zeigt, dass ihre Leistungsfähigkeit noch bedeutend erhöht werden kann. Der Verfasser hat, wie wir glauben mit Recht, als Maassstab derselben »die *nutzbare* Wassertiefe beim *gewöhnlichen*, d. h. bei demjenigen Wasserstande, welcher ebenso oft überschritten, wie nicht erreicht wird,« angenommen, »weil von der entsprechenden Tiefe des Fahrwassers die Grösse und Tragfähigkeit der auf den einzelnen Strömen und Stromgebieten verkehrenden Fahrzeuge mehr abhängig ist, als von anderen Rücksichten.«

Was die angestrebten Verbesserungen betrifft, so nimmt der Verfasser entschieden Stellung gegen rasche und radikale Verbesserungen, und erklärt sich ebenso entschieden gegen die ausschliesslichen Bestrebungen, die Flüsse zu kanalisiren.

»In dieser Beziehung muss als wissenschaftlich erwiesen gelten, dass sachgemäss in der Erhöhung der Schiffbarkeit grosser Ströme nur *stufenweise* vorgeschritten werden kann, sobald es sich darum handelt, ihren allgemeinen Charakter zu Gunsten der Erzeugung und Erhaltung eines konstanten Fahrwassers umzugestalten und nicht etwa blos, dem augenblicklichen örtlichen Bedürfniss entsprechend, einzelne Stellen oder kürzere Strecken in einen verbesserten Zustand überzuführen.«

»In jedem Falle muss überall, wo die Regulirung eines Stromes im Gegensatz zur Kanalisirung desselben das Mittel zur Erreichung der angestrebten Ziele bildet, die gleichmässige Regulirung des Strombettes für die höheren und mittelhohen Wasserstände der Ausbildung des Bettes für die kleineren Wasserbestände vorausgehen. Wenn aber auch das letzte Ziel, die gleichmässige Schiffbarkeit des Flusses bei kleinem Wasser, erreichbar erscheint, so lässt sich damit keinem Flusse die Wandelbarkeit seiner Wasserstände und damit seiner Fahrtiefe in den verschiedenen Zeiten nehmen.«

»Ebensowenig begründet sind die neuerdings aufgetretenen Bestrebungen, welche ganz allgemein und ohne Beachtung der Natur unserer Ströme und des Karakters der meisten Flussthäler die bisherigen Bemühungen um die Regulirung des natürlichen Fahrwassers verwerfen und an ihre Stelle die *Kanalisirung der Ströme* durch *Stauwerke* setzen wollen.«

Die Frage, die der Verfasser hier berührt, hat uns schon seit lange beunruhigt, da hier das Nachdenken eines Nichttechnikers nichts entscheiden kann; und es wäre wohl gut, wenn der Zentral-Verein für Fluss- und Kanalschifffahrt eine technische Kommission zu ihrer Beantwortung ernennen würde. Die Ansicht des Verfassers der Denkschrift ist nämlich von technischer Seite nicht unbestritten; in der oben von uns angeführten Schrift eines Fachmannes*) werden S. 65 die Regulirung und die Kanalisirung der Flüsse und Schifffahrtskanäle längs der Flüsse in ihren technisch-ökonomischen Beziehungen verglichen, und der Verfasser giebt der Kanalisirung der Flüsse sogar den Vorzug vor Schifffahrtskanälen. Da die Kosten der Anlage wie der Unterhaltung zwischen diesen drei Arten der Herstellung schiffbarer Wasserstrassen bedeutend auseinandergehen, so ist die Frage in volks- und staatwirthschaftlicher Hinsicht von grosser Bedeutung; ihre Lösung im allgemeinen, wie für die einzelnen Fälle, können wir aber nur von maassgebenden Technikern erwarten.

Die angestrebten Verbesserungen versprechen in jedem Falle eine bedeutende Erhöhung des linearen Umfangs schiffbarer Flussstrecken; und wir geben daher, um dies zu veranschaulichen, die Berechnungen des Verfassers in den folgenden nebeneinander gestellten Tabellen:

---

*) „Die Verkehrsstrassen in Beziehungen zur Volkswirthschaft und Verwaltung von einem Fachmanne. Berlin 1876. Klönne & G. Müller."

Die nutzbaren Wassertiefen der Hauptströme bei ihrem gewöhnlichen Wasserstande.

Der *Rhein* von Strassburg bis St. Goar	1.3—1.5 m.
» St. Goar bis zur niederländischen Grenze	2.0—3.0 »
Die *Ems* bis zum Fluthgebiet	1.0 »
Die *Weser* von Münden bis Minden	1.0 »
» Minden bis Bremen	1.2 »
Die *Elbe* von der sächsischen Grenze bis zur Saale	1.5 »
» » Saalemündung bis zur Havel	1.7 »
» » Havelmündung bis Hamburg	2.0 »
Die *Oder* von Breslau bis Küstrin	1.0 »
» Küstrin bis Schwedt	1.2 »
(Schwedt bis Stettin 3 bis 5 m.)	
Die *Weichsel* von der russischen Grenze bis zur Theilung in Weichsel und Nogat	0.9 »
von der Theilung bis Neufähr	1.0 »
Der *Pregel* von Insterburg bis Tapiau	0.9—1.2 »
» Tapiau bis Königsberg	1.5 »
Die *Memel* von der russischen Grenze bis zur Theilung in Russ und Gilge	1.5 »
im Russstrom	1.0 »

Die durch fortgesetzte Regulirung wahrscheinlich erreichbare zukünftige durchschnittliche Tiefe der Hauptströme bei gewöhnlichem Wasserstande.

Für den *preussischen Rhein* bis St. Goar	2.5 m.
von St. Goar bis Köln	3.0 »
von Köln bis zur niederländischen Grenze	3.5 »
Für die *Ems* abgesehen vom Fluthgebiet	1.2 »
» » *Weser* von Münden bis Minden	1.2 »
» Minden bis Bremen	1.5 »
» » *Elbe* von der sächsischen Grenze bis zur Saale	1.8 »
» » Saale bis zur Havel	2.0 »
» » Havel bis Hamburg	2.3 »

Für die *Oder* von Breslau bis Küstrin	. . . . .	1.0 m.
» » Küstrin bis Schwedt	. . . . .	2.5 »
» » *Weichsel* einstweilen nicht viel über	. . .	1.5 »
» den *Pregel* ebenso bis	. . . .	1.5 »
» die *Memel* ebenso nicht viel über	. . . . . .	1.5 »

Es möge hier einem Nichttechniker eine allgemeine Bemerkung erlaubt sein, die sich bei Vergleichung nordamerikanischer und norddeutscher Verhältnisse unwillkührlich aufdrängt.

Zur Erhaltung der nöthigen Wassertiefe in Flüssen sowohl, wie in Kanälen, ist die Speisung durch Binnenseen von grossem Werth. Die Natur hat dies beim Rhein durch den Züricher-, Wallen- und Bodensee, bei der Havel durch den Müritzsee und so an anderen Flussgebieten durch andere Seen bewerkstelligt. Die Kunst kann ihrem Beispiel folgen. Wir haben zwar keine Binnenseen, wie Nordamerika, die man wahrhafte Binnenmeere nennen kann. Wenn man aber eine Spezialkarte der nordamerikanischen Kanäle betrachtet, so findet man, dass die »feeder«, die Wasserspeiser für die Kanäle, nicht blos aus den grossen Seen, sondern auch zahlreich aus kleinen Seen und »Creeks« abgeleitet werden. Nun hat unsere norddeutsche Ebene von der holländischen Grenze bis Masuren eine, nach Osten zu immer mehr zunehmende Zahl von kleinen und grösseren Binnenseen von im Ganzen mittlerer Grösse, von denen, wenn wir recht berichtet sind, viele, namentlich im Mecklenburgischen, ein höheres Niveau haben, als die Flüsse und das Niveau der geplanten Kanäle. Es ist aber die Frage, ob alle diese Seen oder ihre grösste Zahl schon hinreichend auf dies Niveau, wie auf ihre Tiefe und ihre Brauchbarkeit als Speiser hin geprüft worden sind. Es will uns scheinen, dass durch ihre allseitige und allörtliche Zuhilfenahme sowohl die deutschen Flüsse, wie die deutschen Kanäle selbst in den Monaten der Trockenheit mit hinreichendem Wasser gespeist werden könnten.

Nachdem der Verfasser der Denkschrift die Vortheile der Kanäle vor den Eisenbahnen übereinstimmend mit unseren obigen Untersuchungen angeführt, meint er, es hätten bei Aufstellung eines Kanalsystems für Deutschland einerseits die nöthige Speisung mit Wasser und die Ueberwindung grösserer Höhenunterschiede, andererseits die Frage, ob im gegebenen Falle eine Eisenbahn oder ein Kanal dem vorliegenden Bedürfniss mehr Rechnung tragen, nicht genügende Berücksichtigung gefunden.

»In letzterer Beziehung ist es nothwendig, daran zu erinnern, dass im Allgemeinen die Eisenbahnen, als Konkurrenten der Wassertrassen, in ihrer Anlage weit weniger von der Terraingestaltung abhängig sind, als die Kanäle. Man kann behaupten, dass überall, wo ein Kanal ausführbar ist, auch eine Eisenbahn gebaut werden kann, nicht aber umgekehrt, ein Umstand, der sich zum Nachtheil der Wasserstrassen überall da geltend macht, wo es darauf ankommt, die Stätten der Rohproduktion, insbesondere der Montanindustrie in unmittelbare, keine Umladungen bedingende Verbindung mit einer grossen Transportstrasse zu bringen, ferner da, wo es sich um Verkürzungen handelt, wie solche bei Wasserstrassen, namentlich den natürlichen, unvermeidlich sind. Die Eisenbahnen sind auch, abgesehen davon, dass schon mässig kupirtes Terrain einer Kanalanlage Schwierigkeiten entgegenstellt, und die Speisung mit der nöthigen Wassermenge in seltenen Fällen ohne kostspielige Nebenanlagen erreichbar ist, im grossen Durchschnitt in ihrer ersten Anlage nicht theurer, als Kanäle. Denn schon bei jeder Hauptbahn, noch mehr aber bei den vorzugsweise für Gütertransporte bestimmten Sekundär- oder Lokalbahnen ist die Breite des beanspruchten Grund und Bodens geringer, die erforderliche Erdbewegung, in bergigen Gegenden, in welche die Kanäle überdies nicht selten kostspieliger Vorrichtungen zu ihrer Dichtung bedürfen, von erheblich geringerem Umfang, als bei Kanälen. Auch die Bauwerke zur Aufrechterhaltung des öffentlichen Verkehrs sind bei den Eisenbahnen meist von geringerer Bedeutung. Der Unterschied der Baukosten fällt aber zu Gunsten der letzteren besonders da ins Gewicht, wo grössere Steigungen oder Gefälle vorkommen, welche von Kanälen nur durch Errichtung kostspieliger und dabei ein bleibendes Verkehrshinderniss bildender Schleusen, oder geneigter Ebenen überwunden werden können. Fälle in welchen gelegentlich der Anlage eines Schifffahrtskanals grössere

Landesmeliorationen ausgeführt und die im Schifffahrtsinteresse aufzuwendenden Baukosten in erheblichem Maasse herabgemindert werden können, gehören zu den Ausnahmen, sind aber bei der Erbauung von Eisenbahnen nicht ausgeschlossen. Während endlich bei diesen etwaige Stockungen des Verkehrs durch Frost und Schnee nur in ungünstigeren Jahren und stets nur in geringer Dauer eintreten, unterliegen die Kanäle meist für noch längere Zeit, als die natürlichen Wasserstrassen alljährlich unvermeidlichen Verkehrsstockungen durch den Winter, welche um so störender wirken, als sich ihr Beginn und ihre Dauer niemals mit Sicherheit vorhersehen lassen, und zu ihnen bei den Kanälen nicht selten noch Sperrungen der Schifffahrt durch Reparatur und Räumungsarbeit hinzutreten. Daher sind diejenigen Konsumenten, welche den Gegenstand eines regelmässigen fortdauernden Verbrauchs auf dem Wasserwege, zu beziehen pflegen, zur Haltung grösserer Wintervorräthe genöthigt, wogegen der Bezug auf dem Eisenbahnwege die Sammlung von dergleichen Vorräthen also auch die Verzinsung der entstehenden Kaufgelder und die Lagerungskosten entbehrlich, auf der andern Seite aber dem Produzenten den schnelleren Umschlag seines Betriebskapitals möglich macht. Lohnende Personentransporte sind auf Kanälen fasst ganz ausgeschlossen.«

Wir würdigen vollkommen den Werth dieser Gründe für den Vortheil, den die Eisenbahnen gewähren in gegebenen Fällen. Es darf nur nicht dabei vergessen werden, dass die gegensätzlichen Nachtheile der Kanäle theils beseitigt, theils durch Gegenvortheile aufgewogen werden können. Für die Montanproduktion ist gerade die billigste Fracht eine Lebensbedingung; ihre bergigen Gegenden machen allerdings den Zugang von Kanälen schwierig, namentlich da die Produktionsstätten meist nicht an einem Punkte vereinigt sind. Wie aber in Nordamerika durch technische Vorrichtungen, wie Elevatoren, die Umladung von Frachten der Binnenseeschiffe in Eisenbahnen erleichtert werden, so können auch aus Montandistrikten die Produkte durch ein Netz von Lokaleisenbahnen und Tramways nach dem Kanal geführt und dort unmittelbar aus den Karren in die Schiffe geschüttet oder die beladenen Karren in den Schiffraum gerollt werden. Es ist dann nicht nöthig, den Kanal, der einen grossen Verkehr und ferne Märkte eröffnet, mitten in die Montanbezirke zu führen; er kann auf dem geeignetsten Terrain denselben nahe gebracht werden. Das Beispiel Pennsylvanias, wo die herrschenden Eisenbahngesellschaften sich eigener und gepachteter Kanäle für die Montanprodukte bedienen, beweist die Zweckmässigkeit dieses Vorgehens.

Was die Beanspruchung und Zerstücklung des Grundes und Bodens betrifft, so erfolgt diese bei den Kanälen meist nicht auf so werthvollem Terrain, wie bei den Eisenbahnen auf den Stationen, »behufs deren Herstellung mitunter grössere Flächen werthvollen Grund und Bodens der produktiven Benutzung entzogen werden müssen.« Das »bleibende Verkehrshinderniss« ist bei den Eisenbahnen nahezu ebenso gross, wie bei den Kanälen; es wirken die Eisenbahnen hier oft einschnürend, wie die Festungsmauern in den alten Städten. So hat das sich nach Westen ausdehnende Charlottenburg eine Reihe neuer Strassen nach Westend zu eröffnet, die mit einem Male durch die tief liegende Verbindungsbahn abgeschnitten sind. Landesmeliorationen können allerdings auch bei Gelegenheit von Eisenbahnen in Angriff genommen werden, sie stehen aber mit diesen nicht in der Verbindung gegenseitiger Hilfsleistung, wie meist bei den Kanälen. Ein durch eine Kanalanlage zur Drainirung gebrachtes Sumpf- und Torfterrain liefert für den Kanal zugleich Speisung durch Wasser und Fracht an jedem Punkte des Durchschnitts. Die Nothwendigkeit der Haltung grösserer Wintervorräthe bei Bezug der Waaren durch Wassertransport im Gegensatz zum Eisenbahntransport ist theoretisch ganz richtig. In der Praxis kommen aber bei den wichtigsten Artikeln, um die es sich hier handelt, also namentlich Kohlen und Baumaterialien, Umstände hinzu, welche diese Nachtheile aufheben, oder nicht nothwendig machen, bei Kohlen der Umstand, dass die Haltung eines Wintervorraths sich ökonomisch überhaupt empfiehlt, da im Sommer die Preise bedeutend niedriger sind — gerade für den Kohlentransport benützen die Eisenbahngesellschaften Pennsylvaniens die ihnen gehörigen Kanäle: — bei Baumaterialien der Umstand, dass ein grosser Wintervorrath nicht nothwendig ist, da die Bauthätigkeit eben durch den Winter eingeschränkt oder aufgehoben wird.

Im Ganzen aber muss man gewiss zugeben, dass da, wo eine nothwendige Verkehrsverbindung in ihrer Verbindungslinie grössere Strecken bergigen Terrains in sich begreift, die Eisenbahn dem Kanale vorzuziehen ist.

Der Verfasser giebt jenen Ausführungen auch offenbar keine ausschliessende Bedeutung, da er mit gewissenhafter sachlicher Prüfung auf die Beschreibung der projektirten Kanäle eingeht. Es sind diese 1) der *Rhein-Maaskanal*; 2) der *Rhein-Mainkanal*; 3) der *Rhein-Weser-Elbkanal*; a. Hauptprojekt, b. Emscherkanal (Ruhrort-Dortmund-Kurl); 4) *Moorkanäle*; a. im mittleren *Emsgebiet* einschliesslich des *Ems-Vechtckanals*; b. der *Ems-Jahdekanal*; 5) der *Kanal* von *Leipzig* nach der *Elbe*, a. Leipzig Wallwitzhafen, b. Elster-Saale; 6) der *Elbe-Spreekanal*; 7) der *Oder-Spreekanal*, a. Linie Berlin-Küstrin, b. Linie Köpnik-Kienitz; 8) der *Rostock-Berlinerkanal*; 9) der *Ueckerkanal*; 10) der *Donau-Oderkanal*.

Was die Hauptabmessungen betrifft, so erkennt der Verfasser den Werth der Bestimmungen des Technikerkongresses des Zentralvereins zur Hebung der Deutschen Fluss- und Kanalschifffahrt an, glaubt aber, dass sie für einzelne Kanäle zu weit gehen. Auch die Moorkanäle im Emsgebiete will er in ihren Maassen nicht als Muster gelten lassen, da die letzteren landwirthschaftlichen Zwecken entsprechen; »dagegen geben dieselben ein Beispiel dafür, wie Kanäle, welche für landwirthschaftliche Zwecke angelegt werden, sich zu Schifffahrtszwecken von weitgehender Bedeutung entwickeln lassen, also für ein Prinzip, welches auch ausserhalb des Emsgebietes, an richtiger Stelle angewendet, fruchtbringend werden kann.«

Den wahren Maassstab, den er für die Abmessungen festhält, spricht er in Folgendem aus.

»Bei alledem wird eine gewisse Gleichmässigkeit der Kanalabmessungen für den Verkehr erwünscht bleiben. Man würde daher in der Absicht, die Kanäle den vorhandenen Wasserstrassen anzupassen, zu weit gehen, wenn man bei ihrer Anlage auch den *kleineren* Verschiedenheiten unter einander oder in den verschiedenen Strecken eines einzelnen Flusses eine maassgebende Bedeutung einräumen wollte. Den Interessen des Verkehrs wird vielmehr im Allgemeinen ausreichend Rechnung getragen werden, wenn man die Abmessungen eines neuen Kanals die *durchschnittliche* Fahrtiefe des mit anderen Stromgebieten in Verbindung zu bringenden Hauptstromes, welche er nach beendeter Regulirung bei seinem gewöhnlichen Wasserstande haben wird, zu Grunde legt, nach diesem Gesichtspunkte aber zweckmässig *abgestufte* Minimaltiefenmaasse für verschiedene *Klassen von Kanälen* aufstellt. Hierbei wird man den Rhein, in dessen Gebiet allein von allen preussischen Strömen Kanäle von mehr als 2 m. Tiefe überhaupt in Frage kommen können, ausscheiden, andrerseits die geringen Tiefen der kleineren Flüsse und der weniger schiffbaren oberen Flussstrecken unberücksichtigt lassen müssen. Alsdann ergeben sich aus den, in Zukunft erreichbaren Fahrtiefen der übrigen Ströme, wie solche am Schluss der ersten Abtheilung dieser Schrift mitgetheilt wurden, *drei Hauptklassen* von Kanälen mit beziehungsweise 2 m., 1.75 m., 1.3 m. *Minimaltiefe*, welchen unter Berücksichtigung des erforderlichen Zwischenraumes zwischen dem Schiffsboden und der Kanalsohle, ein *zuverlässiger Tiefgang der Schiffe* von beziehungsweise 1.75 m., 1.5 m., 1.1 m., entsprechen würde. Die Länge und Breite gut gebauter Flussschiffe bilden aber gewisse Vielfache der Eintauchungstiefe, in der Weise, dass man erfahrungsgemäss das Maassverhältniss nach Tiefe, Breite und Länge, wie 1 : 4 : 30 annehmen kann und hieraus ergeben sich die Abmessungen der den verschiedenen Kanalklassen zukommenden grössesten Schiffe, so wie deren daraus berechnete Tragfähigkeiten wie folgt:

Kanal-Klasse.	Der Schiffe			
	Tiefe.	Breite.	Länge.	Tragfähigkeit.
I. . . .	1.75	7.0	52.5	8300 Ctr.
II. . . .	1.50	6.0	45.0	5400 „
III. . . .	1.10	4.4	33.0	2100 „

»In den freien Kanalstrecken, also abgesehen von den Häfen und den Lösch- oder Liegeplätzen, muss die Sohlenbreite mindestens die doppelte grösseste Schiffsbreite nebst dem zum Vorbeifahren erforderlichen Spielraum auch während eines ausnahmsweise niedrigen Wasserstandes erhalten, ausserdem aber ist zu berücksichtigen, dass die im Interesse des Handels in steigendem Maasse geforderte schnelle Bewegung der Schiffe, insbesondere bei Anwendung selbstständiger Dampfkraft und der Tauerei einen Kanal-Querschnitt verlangt, welcher mindestens *das Vierfache des eingetauchten Querschnitts* eines gut gebauten grössesten Schiffes bedingt. Das hieraus hervorgehende verhältnissmässig grosse Quer-Profil des Kanals wird aber zweckmässiger Weise nicht ausschliesslich durch die Vergrösserung der Breite herbeizuführen sein, weil hierdurch die Anlagekosten im Allgemeinen in grösserem Verhältniss wachsen würden, als durch eine *Vermehrung der Tiefe*. Da überdies eine grössere Tiefe einmal die Bewegung der Schiffe mehr zu erleichtern geeignet ist, als eine grössere Breite, zum andern die soeben bezüglich der Drempel-Tiefen an den Schleusen angeführten Vortheile darbietet, so empfiehlt es sich, die Kanaltiefen so zu vergrössern, dass das vorerwähnte vierfache Querprofil unter Einhaltung des in den meisten Fällen angemessenen Böschungsverhältnisses von 1 : 2 für die unter Wasser liegenden Ufer und der gerade ausreichenden Sohlenbreite erreicht wird. Vorstehende Erwägungen lassen zu den in der nachfolgenden Tabelle angegebenen Normalabmessungen gelangen:

Klasse.	Querprofil des Kanals.			Abmessungen der Schleusen.			Tragfähigkeit der Schiffe. Ctr.
	Wassertiefe.	Sohlenbreite.	Breite im Wasserspiegel.	Drempeltiefe.	Lichte Weite.	Nutzbare Länge.	
I.	2.50	16.0	26.0	2.00	7.50	55.0	8000
II.	2.00	14.0	22.0	1.75	6.25	48.0	5000
III.	1.50	10.0	16.0	1.30	4.60	35.0	2000«

Wir geben diese Ausführungen, ohne dass wir als Nichttechniker mit technischen Gründen dafür eintreten oder dagegen streiten könnten. Der Technikerkongress des oben genannten

Zentralvereins ging, wie der Verfasser richtig bemerkt, »von dem Gesichtspunkte aus, dass die Abmessungen für gut geformte Schiffe von 6000 Ctr. Tragfähigkeit berechnet sind, und auch noch den Durchzug von Gefässen mit 8000 Ctr. gestatten, während sie Fahrzeugen von 4000 Ctr. in Hinsicht auf den Dampfbetrieb besondere Erleichterungen gewähren, zugleich aber örtlich übliche Fahrzeuge von geringerer Tragfähigkeit nicht benachtheiligen, und hat dafür folgende anzustrebende Hauptmessungen aufgestellt:

Tauchung der Schiffe . . . . 1.75 m.
Tiefe der Schwellen aller Bauten und möglichst
    auch der Kanalsohle . . . . 2.50 »
Schleusenweite in den Thoren . . . . 7.00 »
Nutzbare Länge der Schleusen . . . . 75.50 »
Sohlenbreite des überall zweischiffigen Kanals . 16.00 »

    Jener Technikerkongress, dem ich die Ehre hatte als Mitglied beizuwohnen, hatte zu Mitgliedern auch namhafte Vertreter des Handelsstandes; er hat schon damit bekundet, dass er die Stimmen der Volkswirthschaft und des Handelsinteresses als mitberechtigt in der Frage anerkennt; er ging nicht von einem einseitigen preussischen Gesichtspunkte aus, sondern hatte den grossen deutschen Handelsverkehr im Auge. Zuweitgehende theoretische und zu ängstliche praktische Ansichten haben sich auf demselben geeinigt. Das Objekt war kleinen Lokalkanälen ganz fremd und die Furcht des Verfassers, dass bei diesen Abmessungen kleine nützliche Kanäle ungebaut bleiben könnten, für den Kongress irrelevant. Das ist eben Sorge der Lokalinteressen. Es handelte sich wesentlich um eine möglichst ununterbrochene Verbindung aller Wasserstrassen zum Zweck des grossen Handelsverkehrs, und dieser kann nur durch hinreichende einheitliche grössere Maasse erreicht werden. Es lässt sich aus dem gegenwärtigen im Verkehr laufenden Transportquantum gar nicht im Voraus berechnen, welche Bedeutung ein einzelner Zweig des ganzen Netzes gewinnen kann. Sind die Maasse aber hinreichend, so hat die Ausdehnung des Verkehrs überall freie Bahn. Das ängstliche Hangen des Verfassers an den gegebenen natürlichen

Wasserstrassen, an unseren Strömen, konnte hier keinen Maasstab liefern; die Leistungsfähigkeit dieser Ströme ist eben für die grossen Bedürfnisse des Verkehrs eine schlechte und ungenügende, und man kann ebenso gut die Forderung stellen, wenn eben ein Kanal mit grösseren Abmessungen nöthig ist, die Leistungsfähigkeit des mit ihm verbundenen Flusses zu erhöhen als umgekehrt. Die bisherigen Verbesserungen bei den Flussregulirungen waren nach der Ansicht kompetenter Fachmänner ungenügende, gelegentliche und von keinem grossen Plane getragene.

Ein Punkt, den der Verfasser im Obigem berührt, durch eine *grössere Tiefe* die *Vergrösserung der Breite* zu beschränken, ist wirthschaftlich von Wichtigkeit, da er namentlich bei grossen Linien die Baukosten der Anlage erheblich verringert. Ob die Techniker des Kongresses danach ihre Maasse zu modifiziren vermögen, können wir nicht beurtheilen.

Man mag abgestufte Klassen von Kanälen aufstellen, die bis zu grossen Schifffahrtskanälen hinaufreichen, aber die Minimalklasse muss von kleinen Lokalkanälen absehen, muss in den Maassen auf der Höhe des nationalen Verkehrs stehen und einheitlich festgestellt auf dessen Kontinuität Rücksicht nehmen.

Bei Beurtheilung der vorliegenden Kanalprojekte verlangt die Denkschrift als Bedingungen der Lebensfähigkeit eines Kanals ausser der geringen Zahl der Schleusen und Ueberwindungen von Gefällen, der nöthigen Speisung mit Wasser und der unterstützenden Verbindung mit Eisenbahnen die *Sicherstellung eines Transportquantums von mehr als 10 Millionen Centnern.*

Bei der nachfolgenden Besprechung der einzelnen Kanäle wird aber von der letzteren, gross gedruckten, also besonders betonten Lebensbedingung nur beim Rostocker Kanal und zwar in abweisender Tendenz Anwendung gemacht. Unter den einzelnen Projekten sieht der Verfasser vom *Rhein-Mainkanal* und den *Moorkanälen im Emsgebiet* als sicher gestellten Unternehmungen ganz ab; empfiehlt die Wasserverbindung von Leipzig nach der Elbe; verwirft den *Rostock-Berlinerkanal* als überflüssiges und das Verkehrsquantum von 10 Millionen Centner schwerlich erreichendes Werk; legt dem *Ueckerkanal* nur lokale und nicht nothwendige Bedeutung bei; hält den *Oder-Donaukanal* und *Oderlateralkanal* für technisch ausführbar aber noch von den schwebenden Verhandlungen abhängig und tritt wesentlich befürwortend für den *Rhein-Maas-*, den *Rhein-Weser-Elbe-*, den *Elbe-Spree-* und den *Oder-Spreekanal* (Köpnick-Kienitz) ein. Ehe wir diese letztere Beurtheilung ihrer hoffnungsvollen Zukunft wegen im Wortlaute geben, glauben wir doch erwähnen zu dürfen, dass es sehr gewagt ist, dem Rostock-Berlinerkanal ein Verkehrsquantum von 10 Millionen Centnern geradezu abzusprechen, obwohl wir diesem Kanal auch keine nationale Bedeutung beimessen. Bei dem Bau aller grossen Verkehrsstrassen hat sich gezeigt, dass die Existenz der Verkehrsstrasse selbst die Produktion und die Konsumtion erhöht, ihre Beziehungen bereichert und damit das vorher vorhanden gewesene Transportquantum vergrössert hat. Die Denkschrift sagt in Betreff der obigen Linien. »Was die übrigen projektirten Kanäle anbetrifft, nämlich den *Rhein-Maas-*, den *Rhein-Weser-Elbe-*, den *Elbe-Spree-* und den *Oder-Spreekanal* nach der Linie Köpnick-Kienitz und zwar diesen mit seiner bisher nicht projektirten aber oben in Vorschlag gebrachten Abzweigung nördlich nach Schwedt, so erkennt man leicht, dass durch die Ausführung dieser Linien *zwei grosse, zusammenhängende Wasserwege in der Hauptrichtung von Westen nach Osten und von Süden nach Norden* geschaffen werden würden, allerdings unter der Voraussetzung, dass auch der *Berliner-Südkanal* zur Verbindung der Ober- und Unterspree in der Nähe von Berlin, oder eine ihm ähnliche und gleich leistungsfähige Anlage zur Ausführung gebracht wird. Der erste jener beiden Wasserwege würde von dem reichverzweigten Kanalnetz der Niederlande ausgehend, zunächst das Rheingebiet, dann die Gebiete der Ems, Weser und Elbe erreichen, von hier durch die vorhandenen Havelwasserstrassen seine Fortsetzung nach Berlin erhalten, letzteres in direkte Verbindung mit der Oder bringen, demnächst gleichfalls vorhandene Wasserstrassen verfolgend, in die Gebiete der Weichsel, der Pregels, der Memel seinen Ausgang im Innern Russlands finden. Diese mächtige Wasserstrasse würde innerhalb der norddeutschen Tiefebene den preussischen Staat seiner ganzen

Länge nach, ungefähr in der Mitte seiner Breite, durchschneiden und die sämmtlichen vorhandenen grösseren Verkehrswege der Binnenschifffahrt in sich aufnehmen. Der zweite der beiden Wasserwege würde den ersteren rechtwinklig, fast genau in der Längenausdehnung des Staates, bei Berlin, also im Hauptknotenpunkt des Verkehrs, kreuzen und zugleich die denkbar kürzeste Verbindungslinie zwischen einem wichtigen Theile Mitteldeutschlands und dem Meere darstellen.

Die Produktion der Kohlen- und Hüttenreviere von Rheinland und Westfalen findet ihren Abfluss auf dem Wasserwege zur Zeit fast nur in nördlicher Richtung nach den Rheinmündungen und bleibt im Uebrigen auf die Eisenbahnen angewiesen. Dagegen würde der Rhein-Maaskanal, namentlich dann, wenn es gelingen sollte, ihn bis Vliessingen zu verlängern, den Abfluss der Produkte nach *Westen* sichern, der Rhein-Weser-Elbekanal denjenigen in *östlicher* Richtung, durch industriereiche und konsumtionsfähige Theile des preussischen Staates bis Berlin und weiter darüber hinaus, nach den an landwirthschaftlichen Erzeugnissen reichen, östlichen Gegenden aufnehmen und zugleich geeignet sein, den Holzreichthum Russlands auch dem Westen des Staates zuzuführen. Die Verbindung des Rheingebietes mit den Nordseehäfen der Ems-, Jahde-, Weser- und Elbemündungen und eben dieser Häfen in südlicher Richtung durch den Rhein mit Süddeutschland, durch die Weser und Elbe mit Mitteldeutschland, würde für die Industrie und Landwirthschaft erhebliche Vortheile gewähren. Dasselbe gilt von der Verbindung der sowohl an Rohstoffen, namentlich an Baumaterialien, als an mineralischen Brennstoffen reichen Industriegegenden Sachsens und Böhmens durch den Elbe-Spreekanal mit Berlin und weiter durch den Oder-Spreekanal mit dem Gebiete der Oder und den an diese sich weiter östlich anschliessenden Wasserstrassen, insbesondere aber mit dem Seehafen von Stettin.

Von hervorragender Bedeutung würde die in Rede stehende Vermehrung und Vervollkommnung der Wasserstrassen, namentlich im Gebiete zwischen der Elbe und Oder, für die *kommerciellen Verhältnisse der Stadt Berlin* sein.«

Nachdem der Verfasser die technische Ausführbarkeit der westöstlichen Linie bis Berlin besprochen, fährt er fort:

»Dass der *Güterverkehr* auf den Kanallinien, welche hier in Betracht kommen, den für die Lebensfähigkeit solcher Unternehmungen als bedingend angesehenen Umfang wirklich erreichen werde, darf mit einiger Sicherheit angenommen werden. Wenn man sich die Verhältnisse vergegenwärtigt, welche für die Entwicklung des Verkehrs auf den in Rede stehenden Kanallinien maassgebend sein würden, insbesondere den Umfang der Stromgebiete, welche unter einander und mit den wichtigsten Häfen der Ostsee und Nordsee verbunden und zu den Niederlanden und mit Russland in direkter Verbindung gebracht werden sollen, ferner die Grösse und Bedeutung der einzelnen Produktionsstätten auf der einen, der Konsumtionsorte auf der anderen Seite, endlich die Thatsache, dass es sich auf den ganzen Linien vorzugsweise um Massentransporte von Rohstoffen und Industrie-Erzeugnissen handeln wird, so darf man voraussetzen, dass ein sehr erhebliches Transportquantum in Aussicht steht. Eisenbahnen, welche die Leistungen der projektirten Kanäle in angemessener Weise unterstützen können, sind bereits vorhanden.«

Als »vorläufiges« und »ganz ungefähres Bild« der Gesammtkosten giebt die Denkschrift folgende Aufstellung:

A. Für die westöstliche Linie.

Zu 1 des Rhein-Maaskanals . . 14,000,000 M.

Zu 3 des Rhein-Weser-Elbekanals
u. zwar nach jetzigen Preisen:
  a) vom Rhein bis zur Weser 89,000,000 »
  b) von der Weser bis zur Elbe 42,000,000 »
                                         145,000,000 M.

B. Für die südnördliche Linie.

Zu 6 des Elbe-Spreekanals . . 42,000,000 M.

Zu 7 des Oder-Spreekanals einschliesslich eines Zuschlages für die Abzweigungen nach Schwedt . . . . 24,000,000 »
                                         66,000,000 M.

Summa überhaupt 211,000,000 M.

Wir wollen von diesem Kostenanschlag, der nach den Berechnungen unserer Techniker etwas zu hoch gerechnet scheint, ganz absehen. Eine erfreuliche Thatsache bleibt die positive Entschliessung der Regierung, der Legislative ein grosses zukunftsreiches Unternehmen auf dem Gebiete der Wegsamkeit vorzuschlagen. Aus allen früheren Antworten auf die Wünsche des Zentralvereins, der sich der Wasserstrassen Deutschlands angenommen, blickte eine widerwillige Erkenntniss, die gleichsam von einer höheren Tendenzordre im Zügel gehalten war, oder es wurde eine technische Kompetenz entgegengestellt, welche in büreaukratischer Abschliessung keine Fühlung hatte mit den volkswirthschaftlichen Forderungen, mit den Interessen des Handels und der Industrie, mit den gediegensten ausserministeriellen Technikern. Mit einemmale scheint das Eis gebrochen; ja aus den letzten Betrachtungen springt sogar ein ernstes Gefühl für die Grösse der Interessen, die hier in Frage stehen, und eine lebhafte Erwärmung für die Schöpfung einer grossartigen nationalen Wasserstrasse hervor. Selbst die vom Handelsminister angezweifelte Rentabilität scheint einer hoffnungsvolleren Ansicht zu begegnen. Wo bleibt da Herr Mosler, der reisende Mandatar der Regierung? Wo bleibt die Frage: ›*Eisenbahn oder Kanal?*‹

Die Losung ist: *Eisenbahn und Kanal*, und die Frucht ein recht schönes, grosses, einheitliches Netz deutscher Kanäle, das seine Endglieder vom Nebelland der Thule bis ins Herz Russlands streckt.